# SEGELN BEI NACHT

## Praxistipps für Skipper und Crew auf Nachtfahrt

Wilfried Krusekopf

pietsch

Einbandgestaltung: schreiberVIS, Seeheim
unter Verwendung von Bildern des Autors.

Bildnachweis: Alle Abbildungen stammen vom Autor
oder aus dessen Archiv.



ISBN: 978-3-613-50985-6



Sie finden uns im Internet unter:
www.motorbuch-verlag.de

1. Auflage 2024



Layout, Satz und Prepress: schreiberVIS, Seeheim
Druck und Bindung: Graspo CZ, 76302 Zlin
Printed in Czech Republic

# Einleitung

Wer jemals bei Nacht auf dem offenen Meer im Kielwasser seines Schiffes den leuchtenden Schweif tausender fluoreszierender Sternchen gesehen hat, wer nachts beim Stampfen des Bugs in der Welle immer wieder abertausende neuer Lichtblitze entstehen sah, der wird verstehen, welch einen unbeschreiblichen Reiz das Segeln bei Nacht vermitteln kann.

Wer schon einmal bei Nacht, bei schlechter Sicht und auflandigem Wind kurz vor der Hafeneinfahrt auf eine Sandbank aufgelaufen ist, der weiß aber auch, dass das Segeln in der Dunkelheit unter Umständen lebensgefährlich werden kann.

Bei Nacht zu segeln, muss aber keineswegs gefährlicher sein als das Segeln am Tag, vorausgesetzt Schiff und Mannschaft sind ausreichend vorbereitet.

Für das verantwortungsvolle Segeln bei Nacht sind sicherheitsorientiert, technisch, navigatorisch und psychologisch gesehen zahlreiche Aspekte zu beachten, die in diesem Buch ausführlich behandelt werden.

Einige der hier beschriebenen Themenbereiche sind natürlich nicht nur bei Nachtfahrt, sondern genauso auf einem Tagestörn von Bedeutung. Doch es ist notwendig, deren besondere Problematik beim Segeln bei Nacht zu behandeln. Was tagsüber problemlos erscheint, wird nachts möglicherweise zur Ursache für einen Unfall.

Eine erfolgreiche Nachtfahrt unter Segeln ist nicht nur ein emotional erhebendes Erlebnis. Es erweitert auch den Aktionsradius auf einem Törn erheblich, so dass entferntere Ziele erreicht werden können, die während eines zeitlich begrenzten Segelurlaubs nur mit Tagesetappen und Nächten im Hafen unerreichbar wären.

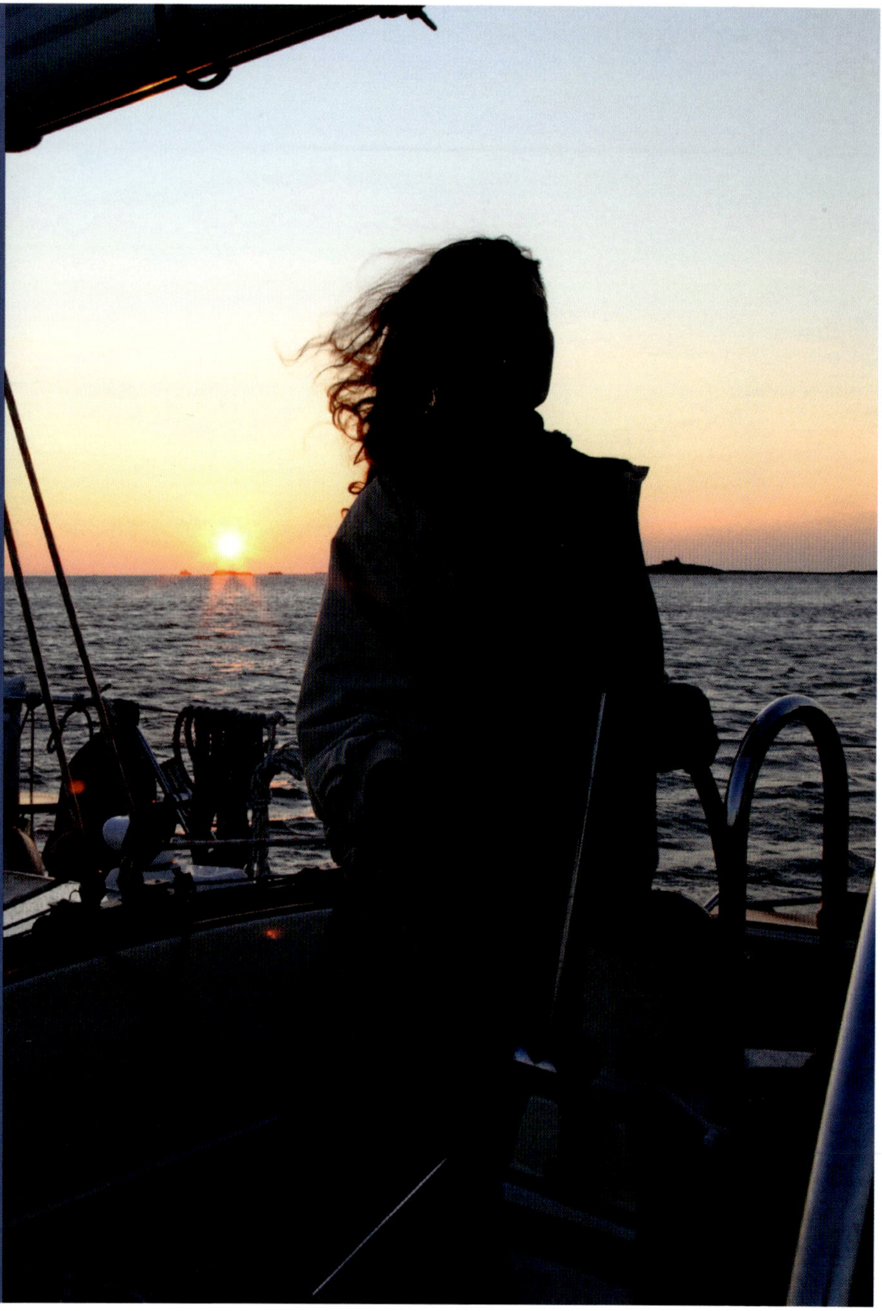

# 1. Bootsvorbereitung und Ausrüstung

Es ist drei Uhr nachts, Schiff auf Raumschotskurs bei vier Windstärken, Nieselregen ... Der Wind nimmt zu. Die Genua muss etwas eingerollt werden, doch klemmt die zuvor wohl irgendwie lose gekommene Reffleine der Rollanlage auf dem Vorschiff.
„Wo klemmt denn das verdammte Ding?“
„Sehe ich nicht, vielleicht irgendwo am Beiboot auf dem Vorschiff, hol mal ’ne Taschenlampe“
„Wo liegt die denn?“
„Im Schapp unterm Kartentisch“
„Nee, da ist sie nicht“
„Dann such ...“

Der Mann kommt nach viel zu langem Suchen hoch in die Plicht, stolpert über den Lifebelt eines anderen Crewmitgliedes, der ungeschickt eingepickt wurde, fällt auf dem Brückendeck in die Großschot, die aus der Curryklemme springt und ausrauscht. Der Rudergänger, völlig überrascht, holt dicht, beherrscht aber im Stress nicht mehr den Kurs. Das Schiff geht mit dem Heck durch den Wind, Patenthalse. Der gestolperte Mann wird von den frei fliegenden Parts der Großschot am Kopf erwischt, quer durch die Plicht gerissen und schlägt mit dem Brustkorb (zum Glück nicht mit dem Kopf!) auf die leeseitige Genuawinsch. Er hat Glück: Statt mit einer Gehirnerschütterung kommt er mit ein paar gebrochenen Rippen und einem verrenkten Hals davon ...

Das kleine Problem der unklaren Schot, das bei Tageslicht sicherlich schnell behoben worden wäre, zieht nachts schnell eine Folge von Problemen nach sich, die unter Umständen bis hin zu einem schweren Unfall führen können.

Für einen Törn über 24 Stunden und mehr muss das Schiff umsichtiger und umfangreicher ausgerüstet sein, als für einen kurzen Tagestörn zwischen Sonnenaufgang und Sonnenuntergang. Beginnen wir darum mit der Ausrüstung des Schiffes und ihrem Stauen:

## Stauen von Ausrüstung unter Deck

Bereits am Tage gilt an Bord, dass alles seinen festen, sinnvoll ausgewählten Platz haben muss. Wenn in einer unvorhergesehenen Situation plötzlich ein Werkzeug, eine spezielle Lampe, ein bestimmtes Ersatzteil gebraucht wird, so darf keine kostbare Zeit für zu langes Suchen verloren gehen. Wenn nachts – möglicherweise im Stress – etwas Wichtiges nicht schnell genug gefunden wird, so steigert sich schnell die Nervosität und es kommt unter Umständen zu Fehlern in der Bootsführung. Darum: **Eine rigorose Stauordnung ist unabdingbar.**

Jeder Skipper wird seine eigene Verteilung der Ausrüstung haben, insbesondere auf seinem eigenen Schiff. Und es gibt sicherlich einige Skipper, die in jeder Situation ohne lange nachzudenken, wissen, wo sich welches Ausrüstungsteil befindet. Doch ist dies beileibe nicht die Regel. Auf vielen Eignerschiffen entsteht im Laufe der Jahre eine mehr oder weniger durchschaubare Verteilung von häufiger gebrauchter Standardausrüstung wie Handlampen, Rettungswesten, Schreibutensilien … und den seltener gebrauchten Dingen wie Motorersatzteilen, Reserveleinen, Ersatzschäkeln, Reinigungsmitteln usw.

Auf Charterschiffen hingegen gibt es zwar in der Regel erheblich weniger Ersatzteile und Reserveausrüstung als auf einem Eignerschiff, doch ist auch die Standardausrüstung schon umfangreich genug, um schnell den Überblick zu verlieren. Schließlich kennt auch der Skipper das gecharterte Schiff ja in der Regel nur von der mehr oder weniger gründlichen Einweisung durch den Vercharterer.

Um die Übersicht über die Verteilung der Ausrüstung zu behalten, sollte deshalb unbedingt ein STAUPLAN angefertigt werden.

**Folgendes Konzept hat sich bewährt:**
**Der Skipper erstellt eine Zeichnung der Raumaufteilung unter Deck, mindestens in DIN A3-Größe (möglicherweise auf der Basis einer vergrößerten Fotokopie des Plans der Werft), auf der alle Kabinen mit ihren Kojen, Schränken und Schapps zu finden sind. Jeder dieser Stauräume bekommt in der Zeichnung eine Nummer. Es wird nun in einer untergliederten Liste jeder Stauraumnummer ihr Inhalt zugeordnet.**

**Um sicherzustellen, dass tatsächlich im möglichen Stress auch schnell der Ersatz für den gebrochenen Schnappschäkel vom Schwerwetterfall gefunden wird, sollte zusätzlich zum Stauplan in Form ei-**

**ner Zeichnung eine ALPHABETISCHE LISTE aller an Bord befindlichen Ausrüstungsgegenstände angefertigt werden (per Computer schnell gemacht), mit der dann die Zuordnung zu der Nummer des Stauraums möglich wird.**

## Lose Ausrüstung an Deck

... Die Sonne geht unter, aber die Schleppangel ist noch draußen und soll für die Nacht an Bord geholt werden: „Hol doch mal die Angel ein“. Ein Crewmitglied verlässt das Cockpit und hat noch nicht beide Füße auf dem Achterdeck als er schon beim ersten Schritt über den Süllrand gefährlich stürzt. Die Heckleine, die eigentlich nach dem Ablegen ordentlich gestaut werden sollte, lag noch lose an Deck. Ausrutschen und Stolpern vorprogrammiert... Der geprellte Ellenbogen und die Schmerzen im Schultergelenk verderben dem Mann in den nächsten Tagen die Freude am Segeln.

Unfallursache Nummer Eins an Bord, und natürlich insbesondere bei Nacht, ist das Stolpern oder Ausrutschen auf unachtsam an Deck herumliegenden, unaufgeschossenen Leinen. Fallen, Festmacher, Schoten... alles sollte so aufgeklart sein, dass es an Deck keine Stolperfallen gibt.

Die heutzutage auf vielen Yachten üblicherweise ins Cockpit geführten Fallen, Strecker und Reffleinen haben eindeutig den Nachteil, dass es schnell in der Nähe des Niedergangs zu einem Spaghettichaos kommen kann. Nicht selten sieht man auch, dass die Lose einfach in den Niedergang geworfen wird, was nicht gerade das sichere Hinauf- oder Hinabgehen erleichtert. Sofern keine Taschen oder Schapps für die ins Cockpit geführten Leinen vorhanden sind, so sollten sie wenigstens sauber aufgeschossen und nebeneinander gestaut, statt übereinander und durcheinander gelegt sein. Vorbereitete Haken, oder besser noch Taschen, in der Nähe des Brückendecks sind hilfreich.

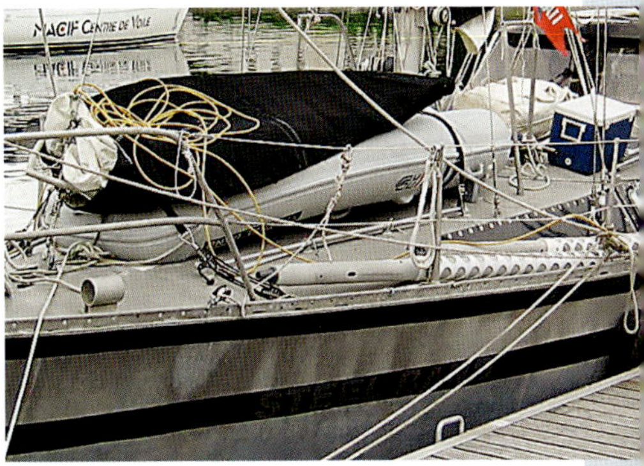

Chaos an Deck

Auch die Festmacher sind ein Sorgenthema: Wohin mit ihnen nach dem Ablegen?

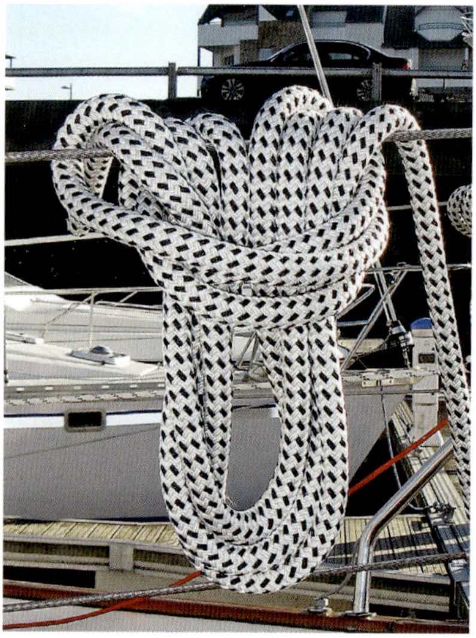

Gut aufgeschossene Leinen

Vorausgesetzt, dass die Leinen nicht einfach an Deck herumliegen gelassen werden – was bedauerlicherweise gar nicht so selten ist – stauen nicht eingespielte Crews die Festmacher häufig irgendwo zwischen Ankerkasten, Backskisten und Achterdeckstauraum. Wird der Törn tagsüber entspannt vor Sonnenuntergang beendet, so ist dies noch akzeptabel. Doch was ist bei Nacht? Werden die Leinen auch nachts um vier Uhr kurz vor dem Anlegen schnell genug in den unbeleuchteten Stauräumen wieder gefunden? Vorbeugend hilft nur eine Methode: *Vorleinen, Achterleinen und auch die Springs werden aufgeschossen und allesamt an einem gemeinsamen Ort am Heck an die Seereling gebunden. Ein Blick genügt und man hat Übersicht, ob alle*

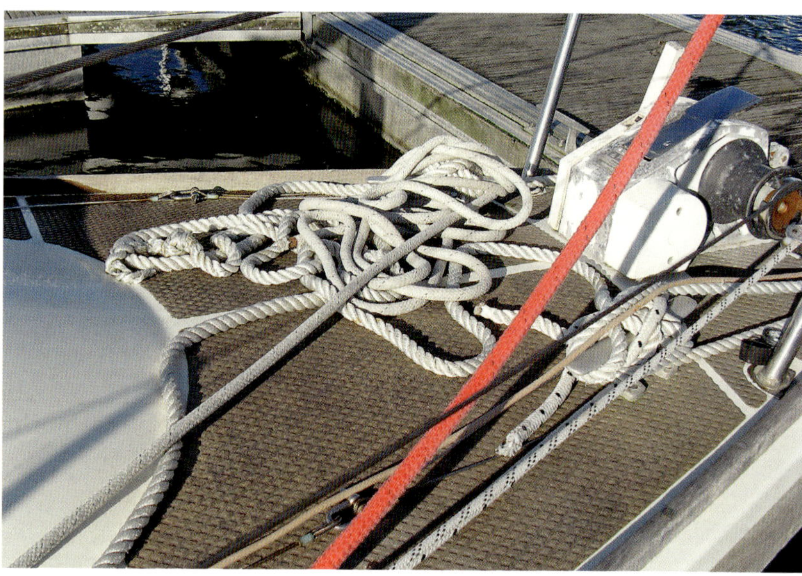

Festmacherchaos an Deck

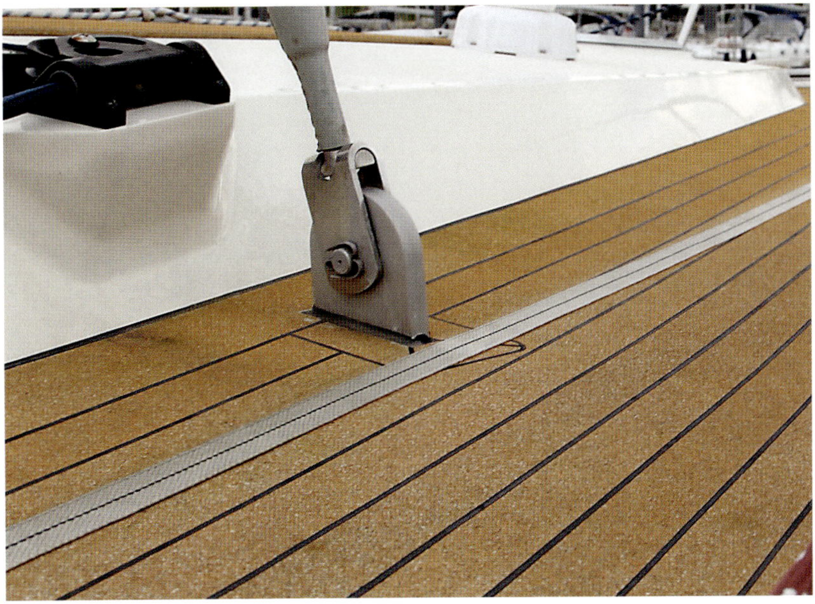

■ Lifeline an Deck

*Leinen klar sind.* Ein angenehmer Nebeneffekt dieser Methode ist die Tatsache, dass keine nassen Leinen weitere Feuchtigkeit in die Backskisten bringen. Feuchtigkeit in den Backskisten verursacht langfristig unweigerlich Schimmel, Pilzbefall und folglich beschleunigtes Altern der Ausrüstung.

Lose Ausrüstungsgegenstände wie Beiboote, Klappfahrräder, Bootshaken, Beibootriemen bilden oft eine weitere Gefahrenquelle für das Segeln bei Nacht. Es darf keine Stolperfallen geben. Das Deck muss so aufgeklart sein, dass die Crew – wenn es denn sein muss – auch ohne Beleuchtung vom Cockpit sicher zum Vordeck gehen kann. Der Eigner kennt sein Schiff aus der Westentasche und macht jeden Schritt an Deck routiniert zielsicher, zur Not auch blind. Die Crew hingegen muss jeden Schritt bewusst machen und darf nicht auch noch zusätzlich durch unordentlich gestaute Ausrüstungsgegenstände an Deck in Gefahr gebracht werden.

Darum gehören Klappfahrräder nicht an die Seereling. Und das Beiboot sollte – sofern es denn überhaupt an Deck gelagert werden muss – so gesichert sein, dass niemand in den Sicherungsleinen hängen bleiben kann. Die Laufdecks MÜSSEN frei bleiben.

Für den sicheren Gang zum Vorschiff – insbesondere bei Nacht – haben viele Skipper ihr Schiff mit Lifelines ausgerüstet, die vom Bug bis zum Heck führen. Dies ist durchaus sinnvoll, unter der Voraussetzung, dass die Lifeline nicht selbst zur Unfallursache wird. Dies ist aber insbesondere dann der Fall, wenn sie aus Drahtseilen oder Tauwerk besteht, denn durch die runde Form kommt es beim Drauftreten leicht zum seitlichen Ausrutschen durch Abrollen. Besser geeignet ist flaches Textilband.

## Feste Ausrüstung an Deck

Ein wichtiges Detail, das eigentlich zur Serienausrüstung jeder seegehenden Yacht gehören sollte, das aber leider in der Regel nachgerüstet werden muss, sind mehrere Augbolzen an Deck, speziell auch im Cockpit, für die persönlichen Lifebelts der Crew.

Diese Augbolzen sind so zu positionieren, dass sie schnell und sicher benutzbar sind. Mindestens einer, besser zwei, rechts und links vom Niedergang, zwei weitere links und rechts vom Steuerstand. Außerdem sind sichere Einpickhilfen am Mast und auf dem Vorschiff notwendig, denn unter Umständen muss bei Arbeiten an Deck der Lifebelt von der Lifeline – weil störend – losgepickt und in einen anderen Beschlag eingepickt werden.

Bei der Wahl der Augbolzen sollte jene Ausführung mit Hartgummibeschichtungen an den Verschraubungen bevorzugt werden, denn so wird bei Bewegungen an Deck die Geräuschübertragung in das Innere des Schiffes, und somit in die Ohren der schlafenden Crew, etwas gedämpft.

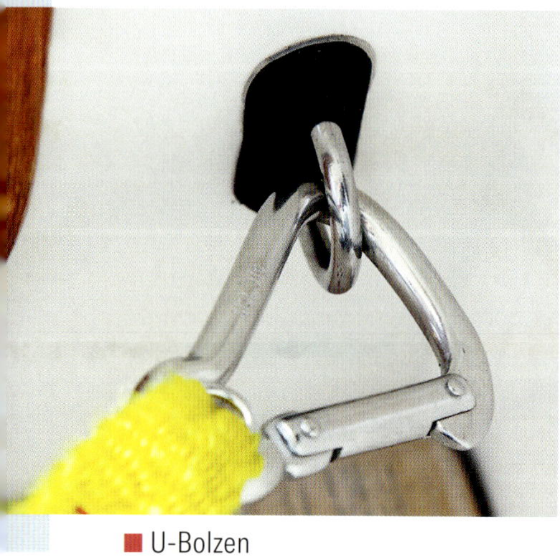

U-Bolzen

Ebenfalls absolut notwendig, aber leider keineswegs immer serienmäßig angebaut sind sichere, ausreichend lange Handläufe auf dem Kajütaufbau. Auf modernen Serienschiffen vieler Großwerften wird heutzutage an vielen Stellen gespart, die auf der Bootsmesse nicht sofort auffallen. Leider stehen auch die Handläufe manchmal auf der Sparliste.

Das gleiche gilt für Handläufe unter Deck. Bei grober Schiffsbewegung in schwerer See müssen in der Nähe des Niedergangs und im Durchgang des Salons Handläufe oder zumindest stabile Griffmöglichkeiten vorhanden sein, die verhindern, dass ein Besatzungsmitglied bei groben Schiffsbewegungen seinen Halt verliert. Es ist leicht einzusehen, dass dies insbesondere nachts von Bedeutung ist.

## Beleuchtung an Deck

... Nachts um zwei Uhr zwischen Cherbourg und Southhampton, bewölkter Himmel, etwas diesig, Sicht etwa ein bis zwei Meilen, seit Mitternacht war nur ein einziger Frachter schwach am Horizont auszumachen. Der Rudergänger steht seit zwei Stunden am Ruder in einer leichten, aber feuchten Brise. Das Schiff segelt mit Vollzeug hoch am Wind auf Steuerbordbug, und die große Genua schränkt die Sicht nach Steuerbord voraus etwas ein. Hin und wieder schaut deshalb der Rudergänger unter dem Unterliek des Vorsegels hindurch in die Dunkelheit, um eventuell andere Fahrzeuge ausmachen zu können. Seit mehr als einer Stunde kein Schiff in Sicht. Urplötzlich, ohne jede Vorwarnung reißt er auf einmal das Ruder herum und weicht knapp einer anderen Segelyacht aus, die wie aus einem Traum plötzlich hinter der Genua auf Backbordbug mit Wegerecht hervorkommt. Erst jetzt, viel zu spät, sieht der Rudergänger die kleine, viel zu schwache rote Laterne im Masttop des möglichen Kollisionsgegners.

Auf einer gut ausgerüsteten, seegehenden Yacht gibt es je nach Größe und Umfang der Ausrüstung insgesamt etwa zwischen 20 und 30 fest installierte Lampen und Leuchten. Vor einem Nachttörn muss sichergestellt sein, dass alle diese Beleuchtungen auch tatsächlich funktionieren.

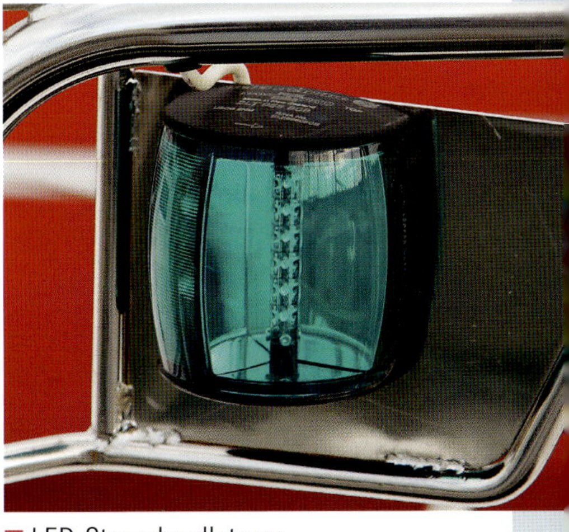

■ LED-Steuerbordlaterne

Weltweit beschreiben die „Internationalen Regeln von 1972 zur Verhütung von Zusammenstößen auf See“, im deutschsprachigen Raum kurz KVR genannt, die technische Ausführung, Positionierung

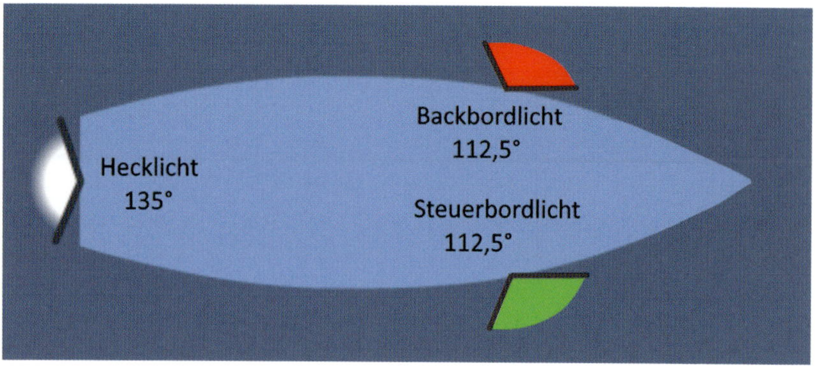


■ Positionslaternen einer Segelyacht in Fahrt: Backbord-, Steuerbord- und Hecklaterne

und den Gebrauch der Lichterführung eines seegehenden Schiffes. Wir sprechen hier im Folgenden lediglich von Segelyachten zwischen 7 m und 50 m Länge. Weitere Details werden in der gängigen Führerscheinliteratur beschrieben.

### Beginnen wir mit den Lichtern an Deck und im Rigg

Die Navigationsbeleuchtung (Positionslaternen) muss folgende Lichter umfassen: Eine rote Backbordlaterne und eine grüne Steuerbordlaterne, die jeweils von der Vorausrichtung einen Sektor von 112,5° zur Seite ausleuchten

Auf Segelschiffen unter 20 m Länge dürfen die Backbord- und die Steuerbordlaterne in einer Doppellaterne zusammengefasst sein.

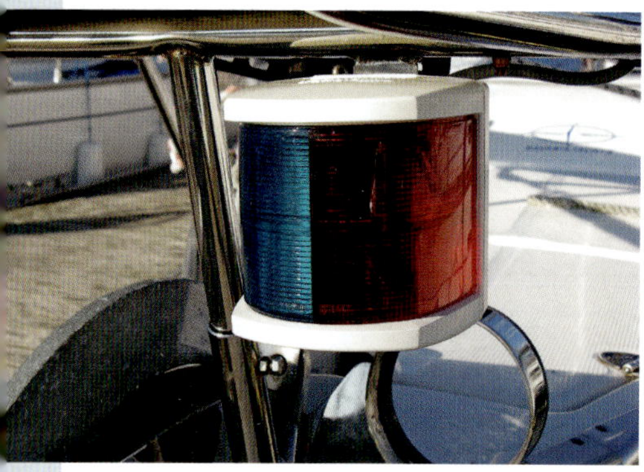

■ Doppellaterne

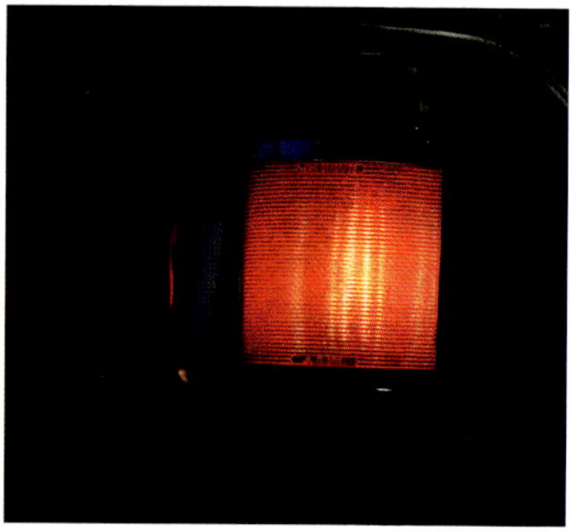

■ Backbordlaterne nachts

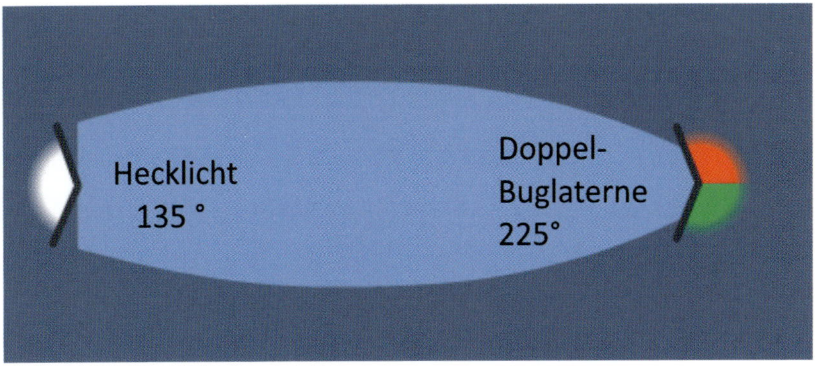


Positionslaternen einer Segelyacht in Fahrt: Vorne Backbord-, Steuerbordlaterne in einer Doppellaterne zusammengefasst, dazu achtern die Hecklaterne.

Nach achtern leuchtet in beiden Fällen ein weißes Licht, die Hecklaterne, über einen Sektor von 135°, was zusammen mit den beiden Buglaternen den Vollkreis von 360° ausfüllt.

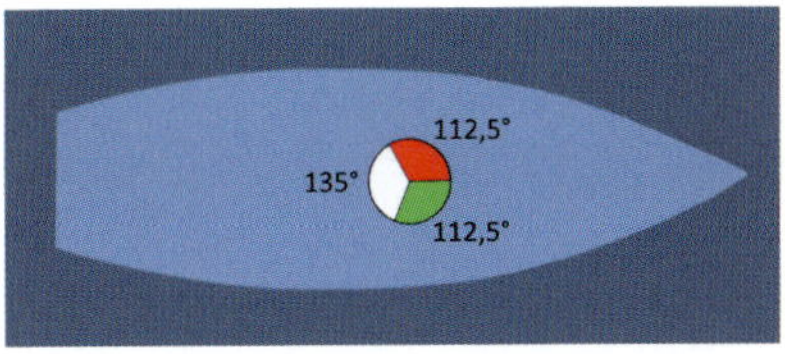


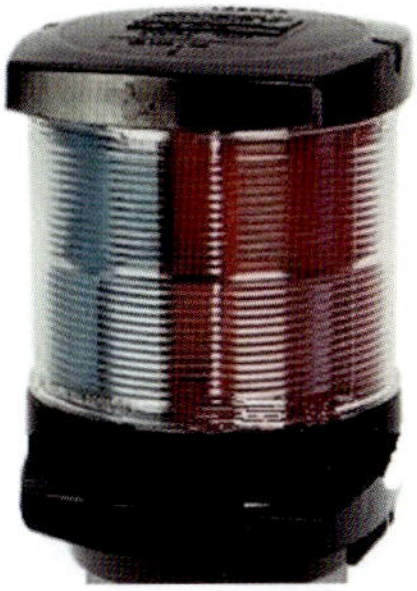

Die Dreifarbenlaterne im Masttop darf die zwei bzw. drei getrennten Positionslichter ersetzen.

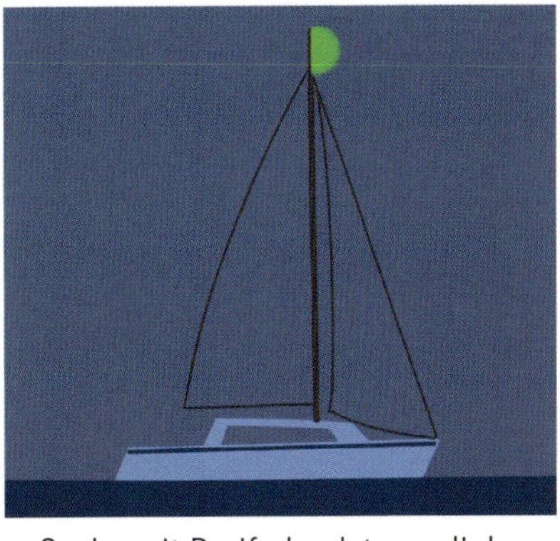

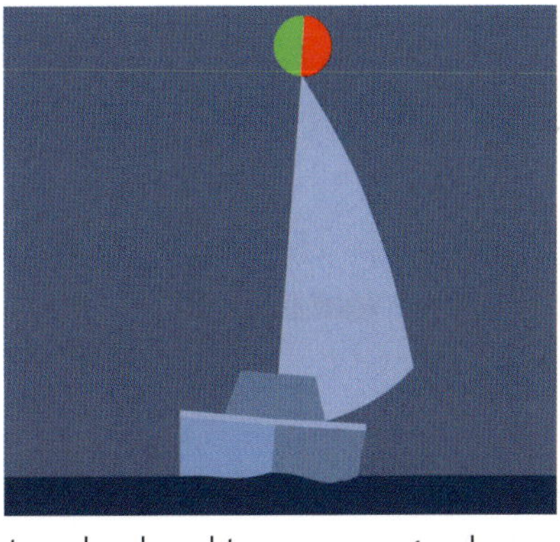

Segler mit Dreifarbenlaterne, links von steuerbord, rechts von vorne gesehen

Auf einer Segelyacht darf unter Segeln (nicht unter Maschine!) aus Gründen der Stromersparnis die Hecklaterne zusammen mit den beiden Buglaternen in einer so genannten Dreifarbenlaterne im Masttop zusammengefasst sein.

Sofern die Segelyacht nachts unter Maschine fährt, muss zu den Buglaternen und der Hecklaterne zusätzlich ein weißes Licht im Mast gesetzt werden, das so genannte Dampferlicht, das voraus symmetrisch einen Sektor von 225° ausstrahlt.

Auf vielen Yachten sind die Positionslaternen inzwischen auf LED-Technik umgestellt, denn das senkt den Stromverbrauch und verlängert die Lebensdauer. Im Prinzip beträgt die Lebensdauer von LEDs mehr als 10 000 Stunden. Doch jeder erfahrene Segler weiß, dass Bug-

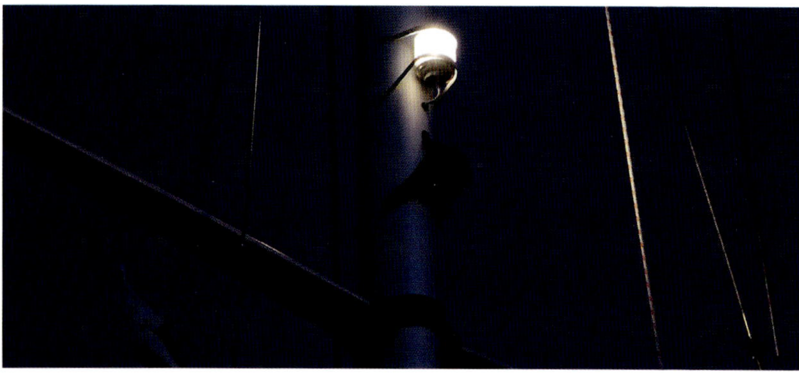

Dampferlicht

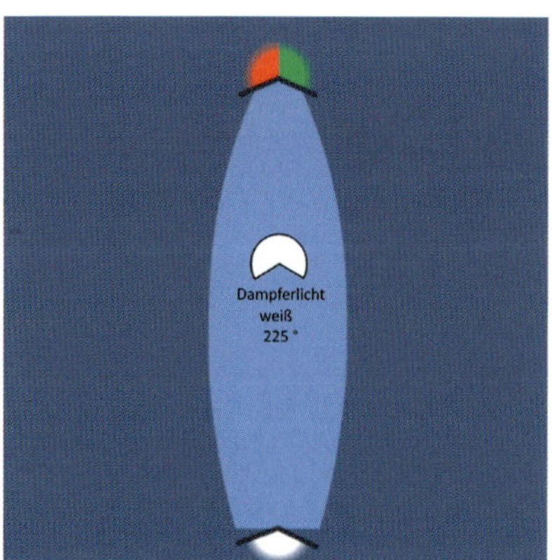


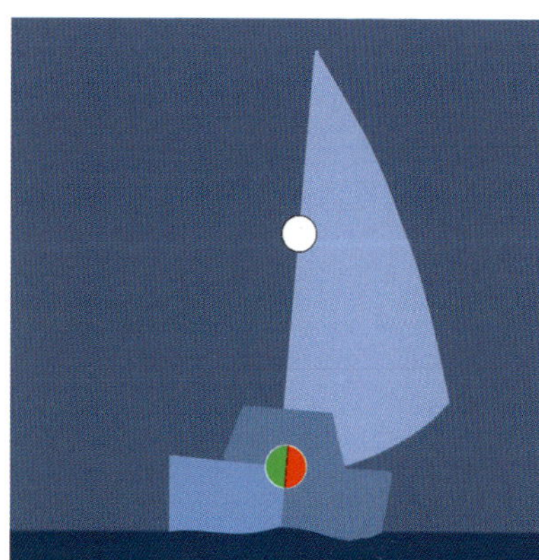

Segelyacht unter Motor, links von oben, rechts von vorne gesehen.

und Hecklaternen eher bei missglückten An- oder Ablegemanövern beschädigt werden als durch Überalterung der Lampen. Zwar werden die LED-Positionslampen in der Regel wasserdicht hergestellt, aber nach einer kleinen Karambolage mit dem Nachbarboot im Hafen ist die Wasserdichtigkeit dahin.

Falls das Schiff des Lesers noch mit alten Glühlampen ausgerüstet ist, so gehören für den Nachttörn neben funktionsfähigen Positionslaternen auch Reserveglühlampen (25 W für die Buglaternen, 10 W für die Hecklaterne) an Bord. Es gibt auch LED-Einsätze passend für die Lampensockel der klassischen Glühlampen, doch sind diese umgebauten Positionslaternen meist nicht lange wasserdicht.

### Ein kritisches Wort zur Dreifarbenlaterne im Masttop

Jeder Segler mit ausreichender Nachterfahrung wird festgestellt haben, dass eine Dreifarbenlaterne meist schlechter zu sehen ist als drei getrennte Positionslaternen in Höhe der Seereling. Ganz abgesehen davon, dass die Distanz zu entfernten Schiffen mit Dreifarbenlaterne erheblich schwieriger abzuschätzen ist als bei einem Fahrzeug mit drei getrennten Laternen im Decksbereich. Aus Sicherheitsgründen ist es darum ausgesprochen sinnvoll, dass auch unter Segeln drei getrennte Positionslaternen in Deckshöhe gefahren werden.

### Ankerlaternen sind ein weiteres zu beleuchtendes Thema

Fast alle Schiffe haben ihre Ankerlaterne, eine weiße, 360° rundum leuchtende Laterne im Masttop fest angebaut. Aber gehört sie dort wirklich hin?

Wer sich schon einmal bei Nacht und diesigem Wetter einem Feld ankernder Yachten genähert hat, weiß, dass die Einschätzung der Entfernung zu Schiffen mit Ankerlaterne im Masttop recht schwierig sein kann. Hingegen ist die Distanz zu einer Yacht mit Ankerlaterne auf dem Vorschiff in Höhe des Decksaufbaus erheblich leichter zu bestimmen. Das Argument, dass die Ankerlaterne an Deck in einem gewissen Sektor durch den Mast abgedeckt ist, zählt nicht wirklich in der Praxis, denn durch das Schwojen wechselt dieser kleine Sektor ständig seinen Abdeckungswinkel.

Auch bei der Ankerlaterne ist die Umrüstung auf LED sicherlich sinnvoll.

Eine der wichtigsten Lampen betrifft die Kompassbeleuchtung: Tagsüber ist sie praktisch nicht auf Funktion zu prüfen, denn wenn es eine gute Beleuchtung ist, so leuchtet sie so schwach, dass man sie bei Ta-

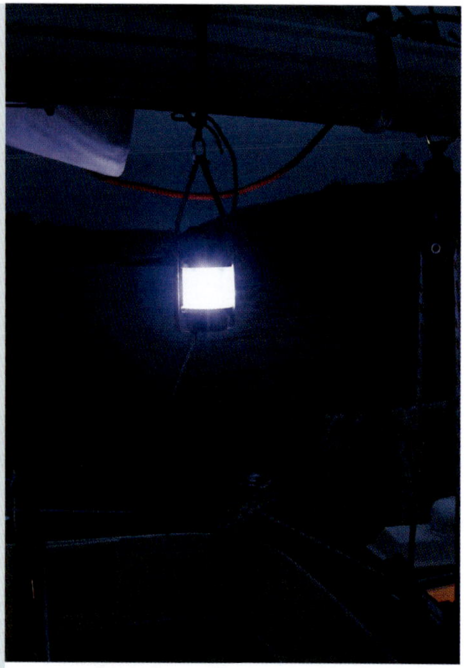

■ Ankerlicht mit LED, mobil

geslicht einfach nicht sehen kann. Die optimale Kompassbeleuchtung ist gerade knapp so hell, dass der Rudergänger den Kompass zwar gut ablesen kann, er aber auf keinen Fall geblendet wird. Die Pupillen des Rudergängers müssen konstant klein bleiben, denn sonst sieht er nicht die schwachen Lichtsignale von Tonnen oder weit entfernten Leuchtfeuern.

Eine weitere Lampe, die keinesfalls für den Nachttörn fehlen darf und die noch im Hafen überprüft werden muss, ist die Decksbeleuchtung.

Viele Yachten haben etwa auf halber Masthöhe einen fest angebauten Decksstrahler, der das Vorschiff beleuchtet. Auf größeren

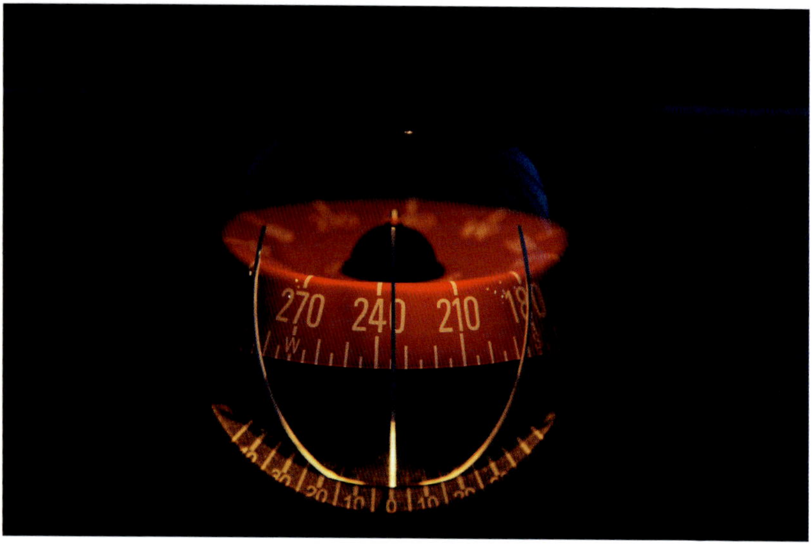

■ Die Kompassbeleuchtung sollte nicht zu hell sein.

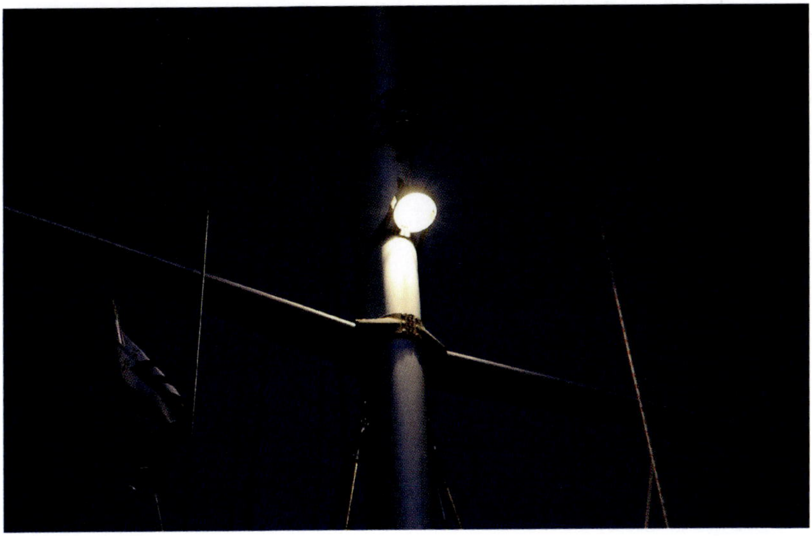

Decksstrahler

Schiffen findet man auch mehrere Deckspots unter den Salingen und selbst unter dem Großbaum. Dies ist nicht nur beim nächtlichen An- oder Ablegen eine Hilfe, sondern erleichtert auch die Arbeit auf See beim Reffen und Segelwechseln.

Der Leser wird vielleicht einwenden, dass heutzutage fast alle Schiffe mit Rollanlagen und/oder ins Cockpit geführten Reffleinen ausgestattet sind und nachts ohnehin niemand etwas auf dem Vorschiff zu suchen hat. Im Prinzip ist dies richtig, doch gilt besonders auf See Murphy's Law: „Whatever can go wrong, will go wrong." (Alles, was schief gehen kann, wird auch schief gehen). Uns so kommt es, dass plötzlich mitten in einer nächtlichen Böe die Reffleine des Großsegels klemmt, die Genua sich nicht einrollen lässt, oder die Verzurrung des vorher so gut festgelaschten Beibootes sich löst. Arbeit an Deck ist angesagt, und dafür brauchen wir Licht.

Licht ist auch notwendig, um bei Nacht den Verklicker in seiner Stellung zu erkennen. Es gibt dafür kleine Zusatzlampen für die Montage im Masttop. Nur so ist auch nachts ein optimales Steuern relativ zum Wind möglich. Es sei denn die Yacht ist mit einer verzögerungsfrei arbeitenden Windmessanlage ausgestattet, die präzise auf einem beleuchteten Display auf dem Brückendeck auch die Richtung des scheinbaren Windes anzeigt. In der Praxis sind diese elektronischen Windmesser häufig ungenau.

### Leuchthilfen zum Alptraumthema MOB (man over board – Mann über Bord)

Wenn es schon am Tage bei etwas mehr Wind und bewegter See nicht einfach ist, ein über Bord gefallenes Crewmitglied wieder an Bord zu holen, so ist dies in der Nacht umso schwieriger.

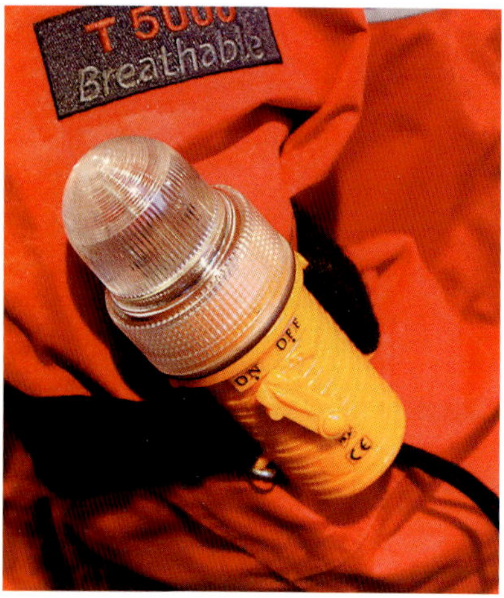


■ MOB Blitzlampe

Rettungswesten in der Berufsschifffahrt sind mit Lampen ausgerüstet, die sich bei Kontakt mit dem Seewasser automatisch einschalten. Leider sind diese an den Rettungswesten der Freizeitschifffahrt in der Regel nicht zu finden. Der umsichtige Skipper sollte hier nachrüsten und jedem Besatzungsmitglied vor einer Nachtfahrt eine spezielle MOB-Blitzlampe aushändigen.

Zusätzlich muss die am Heckkorb gefahrene MOB-Schwimmhilfe (Rettungsring, Hufeisenboje) mit einem zuverlässigen Blinklicht ausgerüstet sein.

Die Erfahrung zeigt, dass dieses Licht auf vielen Yachten nicht funktioniert, mangels Wartung, leerer Batterien, korrodierter Kontakte... Also kontrollieren!

Zusätzlich zur Hufeisen-MOB-Boje ist eine sogenannte IOR-Boje nicht nur bei Nachtfahrt ausgesprochen sinnvoll. Es handelt sich um eine etwa 3 m lange Stange mit Schwimmer und Bleigewicht - um die aufrechte Stellung im Wasser sicher zu stellen – mit Flagge und Blitzlicht an ihrem Top.

■ MOB-Boje, die sich bei Wasserkontakt automatisch aufbläst.

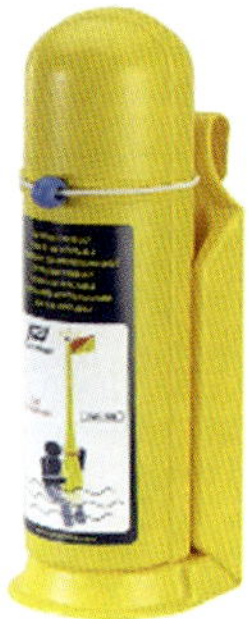
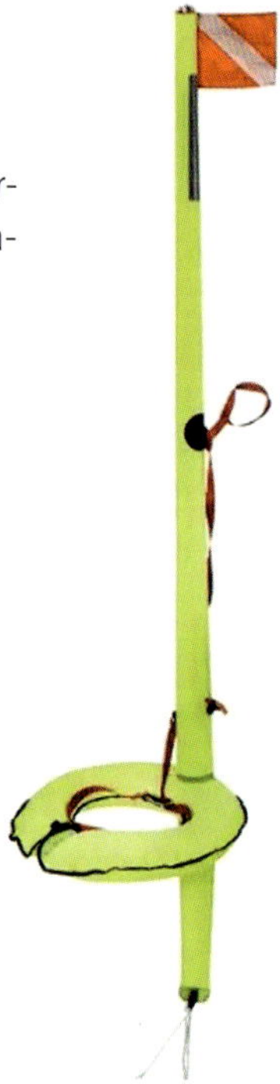

Diese IOR-Rettungsbojen gibt es inzwischen auch in aufblasbarer Version. Zusammengefaltet, klein verpackt werden sie am Heckkorb in einem speziellen Behälter gelagert und im Fall des MOB ins Wasser geworfen. Sie blasen sich automatisch auf wie eine Rettungsweste.

## Beleuchtung unter Deck und im Cockpit

In allen Kabinen gibt es Deckenleuchten. Darüber hinaus ist es aber auch sehr hilfreich, wenn die wichtigsten Stauräume und auch der Motorraum beleuchtet sind. Natürlich kann man sich mit Taschenlampen oder Stirnlampen helfen. Technisch optimiert ist es, kleine LED-Spots anzubauen, die mit einfach zu montierenden Magnetkontaktschaltern an den Türen oder Stauraumdeckeln automatisch ein- und ausgeschaltet werden (wie im Kühlschrank).

Insbesondere im Motorraum ist es nicht nur nachts ausgesprochen hilfreich, wenn bei einer Kontrolle oder Reparatur eine oder zwei helle Deckenleuchten den Durchblick verbessern.

Bei Nachtfahrt ist darauf zu achten, dass die wachhabende Crew im Cockpit nicht durch helles Licht, das aus dem Niedergang kommt, ge-

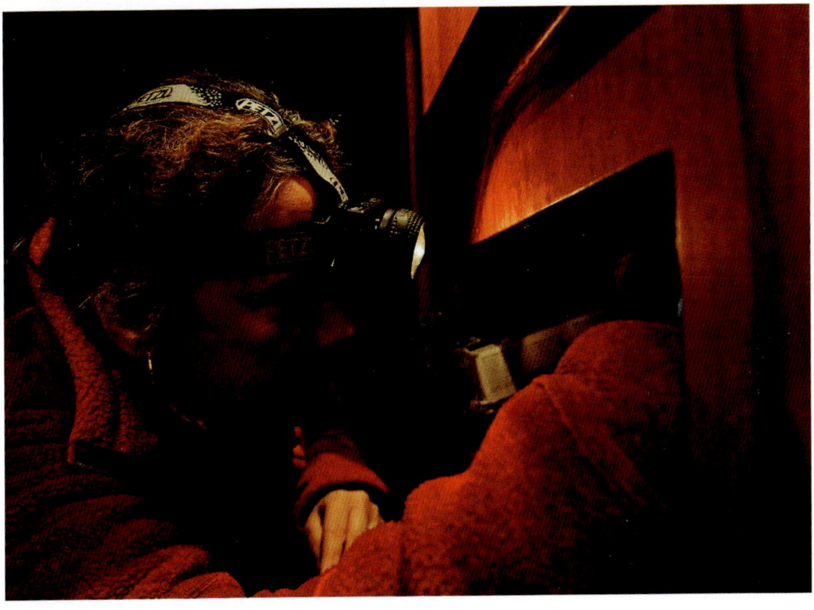

■ Stirnlampe

blendet wird. Zum Erkennen der Positionslaternen anderer Fahrzeuge und zum Auffinden und Identifizieren von Leuchttürmen oder Leuchttonnen muss sich das Auge an die Dunkelheit gewöhnt haben, was bedeutet, dass sich die Pupillen deutlich geweitet haben. Plötzliches helles Licht lässt die Pupillen sich rasch verengen und es dauert mehr als eine Minute, bis sie sich wieder ausreichend geweitet haben.

Darum ist es beispielsweise nicht sinnvoll, bei Nacht direkt am Niedergang eine Deckenleuchte zu benutzen. Besser ist es, außerhalb des direkten Sichtwinkels der Crew im Cockpit eine sehr schwach leuchtende Leselampe angeschaltet zu lassen. Besser noch ist es, eine spezielle, mit roter LED ausgestattete Deckenleuchte über dem Kartentisch zu installieren. Darüber hinaus ist eine drehbare Kartenleselampe mit Dimmer nachts von großem Vorteil.

Manch ein Leser mag vielleicht lächeln, aber warum nicht zusätzlich zur elektrischen Beleuchtung eine Petroleumlampe an das Hauptschott im Salon montieren? Abgesehen von einem – zugegeben – heutzutage eher unwahrscheinlichen Ausfall der Stromversorgung bringt sie den

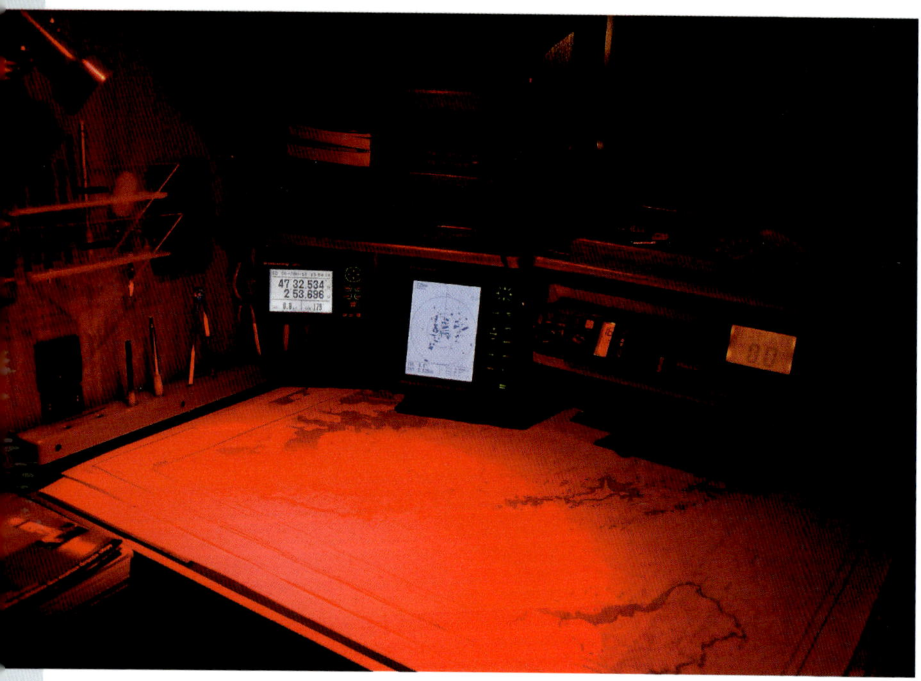


Rotlicht am Kartentisch

Vorteil mit, bis auf ein winziges Nachtlicht heruntergeregelt werden zu können. Das warme Licht einer Petroleumlampe erzeugt dazu eine beruhigende Atmosphäre, die das Einschlafen fördert und in keiner Weise störend wirkt.

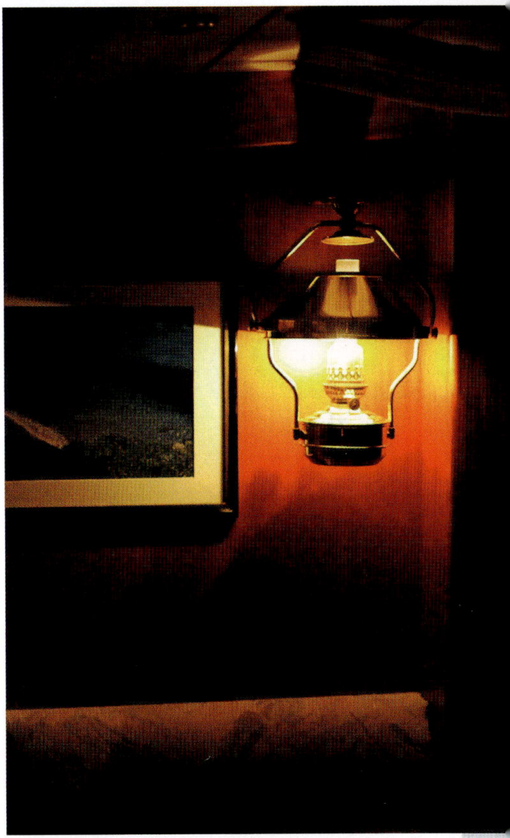

■ Petroleumlaterne nachts

Technisch gesehen, gibt es im Bootshandel zuverlässig gebaute, doppelt-kardanisch aufgehängte Petroleumlampen, die selbst in bewegter See kein Sicherheitsrisiko darstellen. Selbstverständlich wird man sie nicht benutzen bei sieben Windstärken hoch am Wind, wenn das Bullenreiten beginnt.

Für die Crew im Cockpit ist es wichtig, auch nachts über den Kurs, die Bootsgeschwindigkeit, die Wassertiefe, und die Annäherung an den Wegpunkt (GPS) informiert zu sein. Also muss auch die Instrumentenbeleuchtung von Kompass, Logge, Echolot und evtl. GPS-Tochter (Repeater) funktionieren. Leider ist der Test dieser Beleuchtung tagsüber kaum machbar, denn dazu ist es einfach zu hell. Eventuell hilft ein dunkles Tuch über dem Kopf weiter.

Insbesondere die Kompassbeleuchtung verdient Aufmerksamkeit, denn sofern sie zu hell und nicht regelbar ist, kann sie den Rudergänger erheblich stören.

Manche Yachten sind mit einer separaten Cockpitbeleuchtung in Form von LED-Strahlern am Brückendeck oder im Großbaum ausgerüstet. Es ist einleuchtend, dass diese Lampen auf See bei Nacht nur in extremen Ausnahmefällen benutzt werden sollten.

Und wo sind nun die Schalter für all diese vielen Lampen?

Es ist gar nicht selten, dass man auf einer unbekannten Charteryacht gerade nachts lange nach den Schaltern suchen muss, denn sie sind

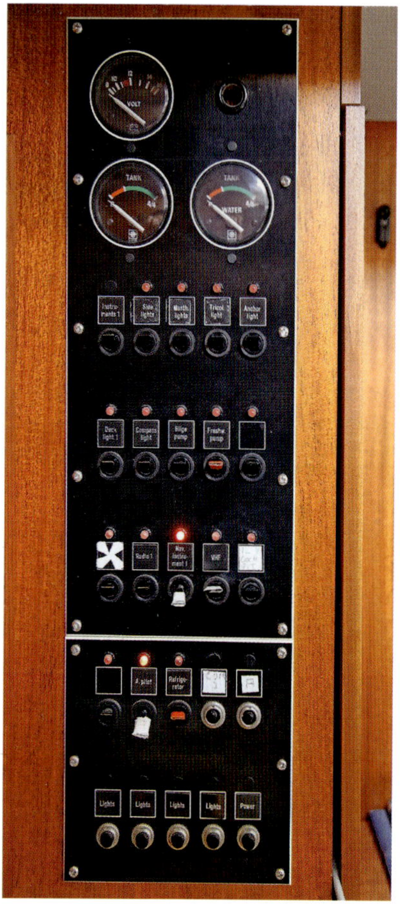

■ Elektroschaltpanel

manchmal nicht optimal angebaut. Eine Einweisung der Crew durch den Skipper in alle Stromkreise und das komplette Elektroschaltpanel gehört zur Törnvorbereitung! Auf Charterschiffen übernimmt dies der Vercharterer in der Regel vor dem Törn. Er sollte auch zeigen, wo sich die Batterien und der Batteriehauptschalter befinden.

## Mobile Lampen und andere Ausrüstung

Eine ausreichende Anzahl von Taschenlampen und Scheinwerfern kann in einer Problemsituation unter Umständen den Unterschied zwischen Hilflosigkeit und Chaos, oder kontrollierter Problemlösung ausmachen. Mindestens eine stoß- und wassergeschützte, besser wasserdichte Handlampe pro Crewmitglied sollte an Bord sein. Dazu Ersatzbatterien und Ersatzglühlampen.

Ein starker Suchscheinwerfer, mobil oder mit Spiralkabel ans 12 V-Netz angeschlossen, kann bei Hafenansteuerungen und auf Ankerreden von großem Nutzen sein. Sofern mit mobil anzuschließenden 12 V-Suchscheinwerfern gearbeitet wird, sollte eine 12 V-Steckdose nahe am Niedergang zur Verfügung stehen.

Auf Charterschiffen gibt es in der Regel nur eine, maximal zwei Taschenlampen in der Standardausrüstung, und keineswegs immer wasserdicht. Die Chartercrew tut gut daran, eigene wasserdichte Lampen mitzubringen.

Zusätzlich zur persönlichen Handlampe ist es im Hinblick auf das unerwünschte, aber eben vielleicht doch irgendwann einmal notwendige

MOB-Manöver bei Nacht sinnvoll, dass jeder an Bord auf Nachtwache eine kleine, wasserdichte Blitzlampe bei sich führt.

Es gibt diese inzwischen auch in LED-Technik mit einer Leuchtdauer von mehreren Tagen, während die üblichen batteriebetriebenen Blitzlampen oft nach wenigen Stunden ihren Geist aufgeben.

Wichtig: Nicht lose in der Hosentasche, sondern mit einem Bändsel am Oberkörper befestigt, denn allzu schnell geht sie im Ernstfall verloren.

Apropos MOB: Es gibt im Yachthandel seit einiger Zeit MOB-Sender, die von der wachhabenden Crew am Handgelenk getragen werden und die im Falle eines MOB einen Alarm in einem am Kartentisch einzubauenden Empfänger auslösen. Die Kosten für eine 3-Personen-Ausrüstung liegen im Bereich eines guten Ölzeugs.

Bei allem Nutzen guter Lampen und Scheinwerfer, manchmal ist die Reichweite des Scheinwerfers einfach nicht ausreichend. Wir sind beim Thema nachtsichtgeeignetes Fernglas:

Gern werden zwischen Crewmitgliedern Ferngläser verglichen. Tagsüber sind meist keine oder nur geringe Unterschiede in der Bildqualität zwischen mittelteuren und teuren Ferngläsern festzustellen. Der Unterschied wird erst bei schlechten Lichtverhältnissen deutlich. Ein so genanntes „Nachtglas" unterscheidet sich von einem „normalen" Fernglas in zweierlei Hinsicht: Größere Durchmesser der Objektiv- und Okularlinsen und bessere Linsen in Glasqualität, Schliff und Vergütung. Sinnvoll ist ein Objektivdurchmesser von 50 mm und eine 7-fache Vergrößerung. Stärkere Vergrößerungen führen zu stärkerer Verwackelung des Bildes, es sei denn, das Fernglas ist mit einem elektronischen Bildstabilisator ausgerüstet, so wie es sie seit längerem auch für Fotoobjektive gibt. Nachts zählt ganz einfach hohe Lichtstärke. Und die kostet Geld. Es muss nicht gleich das High-End-Glas im Wert Ihrer Spiegelreflexkamera sein, aber unter 400,– Euro ist normalerweise kein wirklich gutes, für die Nacht brauchbares Fernglas zu bekommen.

Sehr hilfreich ist ein mobil befestigter Peilkompass, der aber dann auch beleuchtet sein sollte. Denn was hilft der Kompass, wenn ich ihn nachts nicht ablesen kann. Zugegebenermaßen werden im Zeitalter der GPS-Navigation immer weniger Landpeilungen genommen, aber es gibt durchaus Situationen, in denen ein kurzer Blick durch den Peilkompass, z.B. auf ein Kap mit vorgelagerten Untiefen, navigatorisch sinnvoller und schneller ist als minutenlanges Knöpfchendrücken auf dem GPS.

Zusätzlich zum Fernglas könnte man über die Anschaffung eines Nachtsichtgerätes nachdenken. Auf See käme ein Gerät mit so genannter Restlichtverstärkung in Frage. Das Problem dabei ist jedoch, dass diese Geräte nur brauchbar sind, sofern keine aktiven Lichtquellen im Bildbereich auftreten. Beispielsweise bei der Annäherung an eine Hafeneinfahrt würde ein solches Gerät den Benutzer eher behindern als ihm helfen, denn es würde Straßenlaternen, Reklameleuchten, Autolichter derartig heftig verstärken, dass der Benutzer erheblich geblendet würde.

Das Nachtsichtgerät kann nur gute Ergebnisse bringen im freien Seeraum, wo keine anderen Lichtquellen vorhanden sind. Doch dort ist es navigatorisch überflüssig. Ein hochwertiges Fernglas ist und bleibt die bessere Lösung.

Schließlich sollte am Kartentisch eine gute, große Lupe nicht fehlen. Manche Details auf der Seekarte (Abkürzungen der Lichterkennungen, Tiefenangaben bei Untiefen) sind schon am Tage nicht leicht ablesbar. Wie dann bei Nacht?

Und … haben Sie an Ihre persönliche Reservebrille gedacht?

## Radar und AIS

Zwar sind Radar und AIS nicht spezifisch für den Nachteinsatz gedacht, doch bieten sie dem Segler insbesondere auch nachts eine erhebliche Hilfe in der Navigation.

Ein Radargerät dient zwar auch dazu, bei Nebel andere Fahrzeuge, Inseln oder Küstenlinien zu orten. Es kann aber auch hervorragend zur Abstandsmessung eingesetzt werden. Häufig haben große Transport-

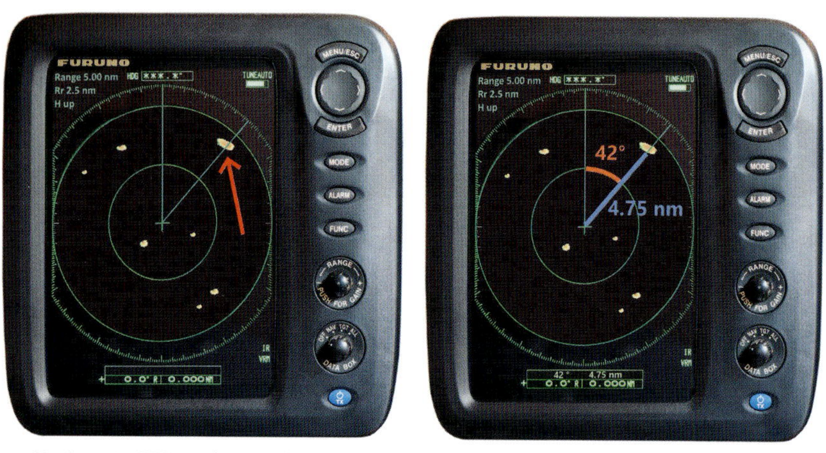


Radar mit EBL und Kontakt auf EBL

schiffe außerhalb der unmittelbaren Küstengewässer keine oder eine nur sehr schwache Decksbeleuchtung. Die Positionslaternen von Containerfrachtern sind meist nicht heller als die von deutlich kleineren Küstenfahrzeugen. Darum fällt es oft schwer, den Abstand zu diesen Schiffen ausreichend genau zu schätzen. Mit einem Radargerät ist dies schnell gemacht.

Zwei Funktionen, die für Peilungen und zur Abstandsbestimmung hilfreich sind, gibt es auch auf kleineren Yachtradars: EBL und VRM:

### EBL

(Abkürzung von engl. „Electronic Bearing-Line“ = elektronische Peillinie) beschreibt eine vom Zentrum des Bildschirms radial ausgehende Peillinie, die um die Bildschirmmitte 360 ° drehbar ist. Wird ein Objekt auf dem Schirm ausgemacht, bei dem geprüft werden soll, ob es zu einer Kollision kommen kann, so wird diese Peillinie so weit gedreht, bis das zu verfolgende Objekt präzise auf der EBL liegt. Bleibt das Objekt nun bei Annäherung kontinuierlich auf der Peillinie, so handelt es sich um eine „Stehende Peilung“, es besteht also Kollisionsgefahr. Bleibt das Echo des möglichen Kollisionsgegners auch über einen längeren Zeitraum auf der Linie, so muss nach den Regeln der KVR (Kollisionsverhütungsregeln, s. Literaturverzeichnis) entschieden werden, wer von beiden der Ausweichpflichtige ist und dann entsprechend mit einer Kursänderung gehandelt werden. Eventuell bietet es sich an, über UKW mit dem anderen Fahrzeug Sprechkontakt aufzunehmen. Dies gilt insbesondere beim Queren von Verkehrstrennungsgebieten. Kontaktaufnahme über Ch 16. Den Namen des Schiffes zeigt das AIS (s. u.).

### VRM

(Abkürzung von engl. „Variable Range Marker“ = variable Abstandsmarkierung) bedient eine Funktion, bei der ein konzentrischer Kreis um die Mitte des Displays (eigener Standort) in seinem Radius so verstellt werden kann, dass das zu beobachtende Objekt genau auf dem Kreis (Abstandskreis) liegt. Dies ermöglicht eine präzise Abstandsbestimmung. Zwar kann man mittels des frei beweglichen Cursors ebenfalls den Abstand zu einem georteten Objekt messen, aber der Ring erleichtert die Beurteilung visuell.

Mittels EBL und VRM können Alarmzonen definiert werden. Dringt ein Fahrzeug in die eigestellte Zone von außen ein, so ertönt ein Alarm. Es ist unmittelbar einsichtig, dass dies insbesondere nachts von großem

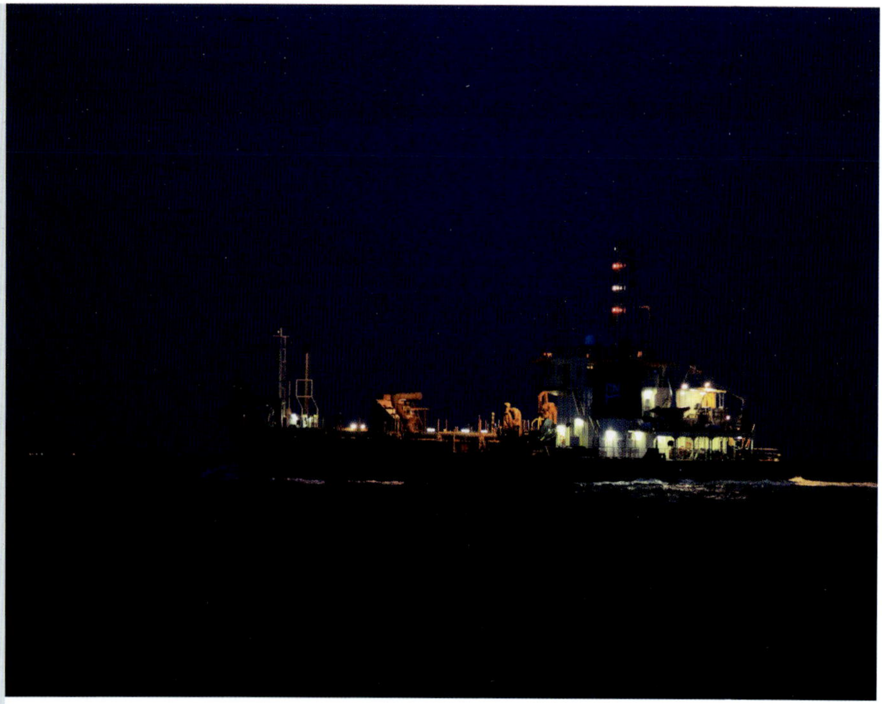

Begegnung mit Frachter auf See

Vorteil ist. Dazu sollte man wissen, dass beispielsweise Militärfahrzeuge und der Zoll keineswegs verpflichtet sind, nachts Positionslaternen anzuschalten.

## AIS

Seit vielen Jahren ist auch an Bord von Freizeitschiffen das sogenannte AIS zu einer Selbstverständlichkeit geworden (engl. „Automatic Identification System" = automatisches Identifikationssystem).

Es handelt sich dabei um eine Seefunkgestützte Navigationshilfe zur Ortung anderer Fahrzeuge, bei der auf einem Bildschirm je nach Einstellung u. a. folgende Schiffs-Informationen im Umkreis von etwa maximal 50 Seemeilen sichtbar gemacht werden:

Name des Fahrzeugs, Position, Fahrt über Grund, Kurs über Grund, MMSI-Code, Zielhafen, Ladung und vieles mehr, was nicht unbedingt für die Navigation des Yachtskippers von Bedeutung ist.

Die Datenübertragung erfolgt über UKW-Seefunk (= VHF).

Es ist unmittelbar einleuchtend, dass diese Informationsflut auf einem kleinen Yacht-Bildschirm (koppelbar mit dem Radarbildschirm) schnell unüberschaubar wird. Darum kann der Skipper am Gerät einstellen, welche Informationen sichtbar sein und welche unterdrückt werden sollen. In der Regel reichen Angaben zu Kurs und Fahrt des anderen Fahrzeuges, um beurteilen zu können, ob ein Kollisionsrisiko besteht, denn darum geht es letztendlich. Dazu gibt es die Möglichkeit, nach Zeit und Distanz zum möglichen Kollisionsort Alarmbereiche einzustellen, so dass bei Unterschreiten der minimal akzeptierten Distanz zum möglichen Kollisionsgegner ein Warnton erschallt. (CPA = Closest Point of Approach). Genauso wenn die Zeitspanne bis zur möglichen Kollision den eingestellten Minimalwert unterschreitet (TCPA= Time to Closest Point of Approach).

Im Hinblick auf die Nachtfahrt ist folgendes wichtig: Juristisch sind alle Fahrzeuge über 300 BRT verpflichtet, ein AIS-Gerät an Bord zu haben und es auch auf See eingeschaltet zu haben. Nicht ausrüstungspflichtige Freizeit-Fahrzeuge unterliegen nicht dieser Verpflichtung. Wenn man als

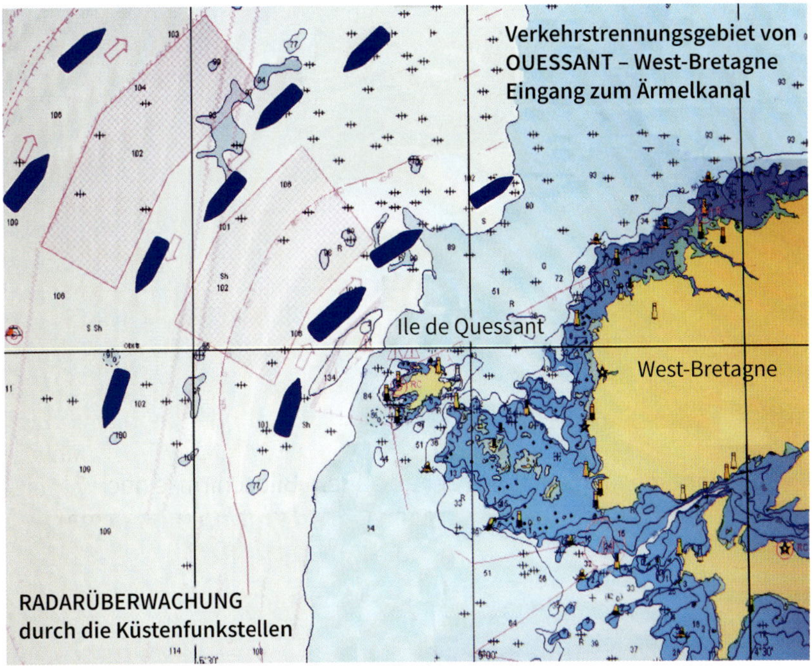


■ Großschifffahrtsweg / Verkehrstrennungsgebiet bei Ouessant

Segler nun aber auf See das eigene AIS benutzt und vergleicht, welche Schiffe man tatsächlich mit dem Auge sieht und welche auf dem AIS-Display abgebildet sind, so muss man häufig feststellen, dass die Verpflichtung der Berufsschifffahrt, AIS-Signale zu senden, insbesondere von Fischern nicht immer eingehalten wird. Genau dies ist der Grund, warum man auf einer Yacht auf keinen Fall bei Nachtfahrt auf ein Radar verzichten sollte, auch wenn ein AIS-Gerät an Bord ist. Auf einem richtig eingestellten Radar wird man mit sehr hoher Wahrscheinlichkeit ein anderes, auch sehr kleines Fahrzeug im Abstand von mindestens einer Meile sehen. Wenn hingegen auf einem AIS-Empfänger keine Signale empfangen werden, der Bildschirm also leer bleibt, so kann daraus mitnichten geschlossen werden, dass sich keine anderen Fahrzeuge in der Umgebung befinden.

**Das AIS ersetzt nicht das Radar!**

## Bordbatterien und Kapazitätsberechnungen

Eine 11 m Charter-Yacht ist von St. Tropez auf dem Weg nach Korsika. Es herrscht wenig Wind, aber es wird dennoch nicht motort, sondern gesegelt. In der zweiten Nacht fällt einem wachhabenden Crewmitglied auf, dass die Instumentenbeleuchtung immer dunkler leuchtet. „Sag mal, Skipper… wie lange können wir eigentlich mit dieser Beleuchtung, dem laufenden Radar und der Selbststeueranlage elektrisch noch durchhalten?" „Verdammt, unsere Batterien gehen in die Knie", lautet die zutreffende Diagnose durch den Skipper.

Offensichtlich wurden bereits in den ersten 40 Stunden des Törns so viele elektrische Verbraucher eingeschaltet, dass es trotz voller Batterien beim Törnbeginn nun zu einem elektrischen Notfall kommt, wenn nicht die Maschine sofort gestartet wird.

Zum Glück gibt es auf dem Schiff zwei Stromkreise mit getrennten Batterien. Der Skipper dreht den Zündschlüssel zum Motorstart. Nach einem ersten, etwas kraftlosen Drehgeräusch tut sich gar nichts mehr… Unmöglich! Die Motorbatterie ist doch über den Hauptschalter von der Batterie des Service-Netzes getrennt und sollte voll sein. Ist sie aber nicht!

Ein Blick auf den Hauptschalter macht die Situation deutlich: Der Drehschalter hat drei Stellungen: A nur Servicebereich, B nur Starterbatterie für den Motor, C beide Bereiche parallel. Der Schalter steht auf C. Und offensichtlich gibt es auf diesem etwas älteren Schiff keine Trenndioden.

Was tun? Kühlschrank aus, Autopilot aus, Radar aus, und solange kein anderes Schiff in Sicht ist, vielleicht sogar Positionslichter aus?

Also hilft es nichts, es wird weitergesegelt.... „Hoffen wir mal, dass der Wind durchhält“ sagt der Skipper lakonisch. „Und wie wollen wir im Hafen ohne Motor anlegen?“ erkundigt sich etwas beunruhigt die Freundin vom Skipper. „Na eben unter Segeln, oder wir ankern vor dem Hafen“ lautet die einzig richtige Antwort. Nur wer hat schon in einer modernen Marina je unter Segeln ein Anlegemanöver gefahren?

Als Eigner einer Yacht wird man sich die Frage nach der Batteriekapazität und der Schaltung mehrerer Batterien vermutlich (und hoffentlich) schon eher gestellt haben und eine ausreichend große Batteriekapazität und wirksame Trenntechnik vorgesehen haben.

Hingegen findet man auf vielen kleineren Charterschiffen meist nur zwei kleine bis mittelgroße Batterien: eine für den Motorstart und eine andere für den restlichen Verbrauchsbereich. Diese beiden Stromkreise müssen voneinander unabhängig geschaltet sein, um zu verhindern, dass über den Service-Bereich bei Tiefentladung auch die Motorbatterie gleich mit entladen wird.

Prüfen Sie insbesondere auf einem Charterschiff, ob die vorhandenen Batterien auch tatsächlich elektrisch voneinander getrennt sind, und welche Trenntechnik eingebaut ist:

Manuelle Schalter, Trennrelais, oder andere Trenn-Elektronik? Alles ist möglich.

Die **Batteriekapazität** wird in Amperestunden (Abkürzung Ah) angegeben. Sie ist das Produkt aus Strom (in Ampere, A gemessen) und Zeit (in Stunden, h gemessen).

Die Berechnung des gesamten Stromverbrauches und der damit benötigten Batteriekapazität ist auf den ersten Blick relativ einfach: Man liest den Stromverbrauch am Amperemeter am Elektroschaltkasten ab und multipliziert diesen Amperewert mit der Zeit in Stunden, während derer die Geräte benutzt werden.

So benötigt man beispielsweise für ein Radar, das 4 A Strom zieht und das eine ganze Nacht lang läuft, $4\,A \times 12\,h = 48\,Ah$ Kapazität in der Batterie. Das würde theoretisch bei einer Batterie mit beispielsweise 100 Ah Kapazität für 2 Nächte reichen.

### Doch die Praxis ist etwas komplexer:

- Nicht auf allen Schiffen gibt es ein Amperemeter am Schaltkasten, das den aktuellen Gesamtstrom misst.

- Wohl niemand misst mit einer Uhr die genaue Nutzungsdauer der eingeschalteten Geräte.
- Es sind in der Regel mehrere Geräte mit unterschiedlichem Stromverbrauch gleichzeitig angeschaltet.
- Bei vielen Geräten kennt der Skipper den tatsächlichen Stromverbrauch nur annäherungsweise.
- Man sollte eine Batterie niemals vollständig entleeren, denn das führt zu erhöhtem Verschleiß und Minderung ihrer Kapazität. Gel- und AGM-Batterien sollten nicht zu häufig über 50 % entladen werden, denn dies verringert die Kapazität langfristig. Nur Lithium-Batterien können wiederholt bis zu 90 % entladen werden, ohne sie langfristig zu schädigen.

Aus dem Gesagten ergibt sich, dass man sich entweder mit einer groben Überschlagsrechnung zufriedengeben muss, oder die Ausrüstung des Schiffes wird mit einem Batteriemonitor aufgerüstet.

Es handelt sich um ein Gerät, das mindestens folgende drei Funktionen hat: a) es misst kontinuierlich den momentan fließenden Strom, b) es misst kontinuierlich die Zeit, c) es multipliziert die beiden Messwerte von Strom und Zeit miteinander und zeigt auf einem Display das Ergebnis des Gesamtverbrauchs in Amperestunden (Ah) an. Bei den meisten Geräten kann man die zur Verfügung stehende Gesamtkapazität der Batterie eingeben, so dass in einem Untermenü die noch zur Verfügung stehende Restkapazität ablesbar ist.

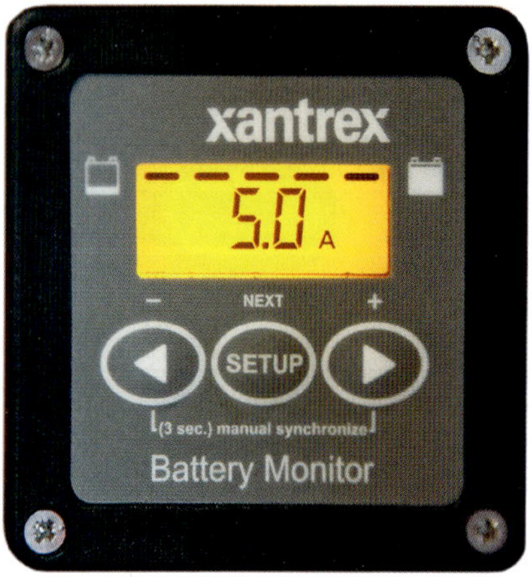

Batteriemonitor

Konventionelle Bleibatterien – dazu gehören auch Gel- und AGM-Batterien – sollten möglichst nicht unter 50 % ihrer Kapazität entladen werden, denn dies verringert die Lebensdauer deutlich. Im Gegensatz dazu können Lithiumbatterien fast vollständig entladen werden, ohne Schaden zu nehmen.

Die weiter oben angesprochene Überschlagsrechnung der verbrauchten Amperestunden (Ah) sollte ein Skipper allerdings auch dann zu berechnen fähig sein, wenn sein Schiff mit einem Batteriemonitor ausgestattet ist. Es ist nicht allzu schwierig:

Aus den Handbüchern der verschiedenen elektrischen und elektronischen Geräte lässt sich ihr Stromverbrauch in Ampere entnehmen.

Manchmal findet man zwar nur eine Angabe in Watt (W), doch ist dies leicht umzurechnen in Ampere: 1 Watt ist per Definition = 1 Ampere multipliziert mit 1 Volt. ( 1 W = 1A × 1 V). Folglich muss einfach der Watt-Wert durch 12 dividiert werden und man hat die gesuchte Stromstärke.

**Beispiel:**
**Der Kartenplotter ist im Handbuch mit 25 W Leistung angegeben. Da unser Bordnetz mit 12 Volt betrieben wird, ist der Faktor gesucht, mit dem 12 V multipliziert werden muss, um 25 W zu ergeben: 12 V multipliziert mit X = 25 W. Also X = 25 W dividiert durch 12 V = 2,08 W**

Der vorausschauende Skipper erstellt eine tabellarische Liste für den Stromverbrauch während einer Nacht. Wir setzten voraus, dass das Boot überwiegend mit LED-Technik ausgerüstet ist.

Geht man davon aus, dass wir aus Sicherheitsgründen nur 50 % der Batteriekapazität nutzen wollen, so müsste allein für eine einzige durchsegelte Nacht bereits etwa 200 Ah Batteriekapazität ab Bord vorhanden

Tabelle 1:

| Gerät | Stromverbrauch | Dauer der Nutzung | entnommene Ah |
|---|---|---|---|
| Steuerbordlaterne | 0,2 A | 10 h | 2,0 Ah |
| Backbordlaterne | 0,2 A | 10 h | 2,0 Ah |
| Hecklaterne | 0,2 A | 10 h | 2,0 Ah |
| Salonbeleuchtung | 0,5 A | 4 h | 2,0 Ah |
| Lampen am Kartentisch | 0,5 A | 6 h | 3,0 Ah |
| Radar | 4,0 A | 2 h | 8,0 Ah |
| Funkgerät | 3,0 A | 1 h | 3,0 Ah |
| Kühlschrank | 4,0 A | 6 h | 24,0 Ah |
| 4 Kojenlampen | 0,2 A | 2 h | 1,6 Ah |
| Kartenplotter | 1,5 A | 12 h | 18,0 Ah |
| Autopilot | 6,0 A | 5 h | 30,0 Ah |
| **Summe** | | | **95,6 Ah** |

sein. Mittelgroße Charteryachten sind in der Regel mit nicht mehr als zwei 100 Ah Batterien, also 2 × 100 Ah = 200 Ah ausgerüstet.

Es zeigt sich somit, dass unter diesen Bedingungen nicht mehr als eine einzige Nachtfahrt möglich ist. Was tun? Es gibt eine Reihe von Möglichkeiten, in der Reihe der Höhe des Stromverbrauchs:

- Autopilot nur selten benutzen
- Kühlschrank ausschalten
- Radarnutzung auf ein wirklich notwendiges Minimum beschränken
- Beleuchtung unter Deck auf ein unumgängliches Minimum beschränken.

Auch ist eine sehr gute Isolation des Kühlschranks wichtig, denn dann schaltet das Thermostat seltener auf Betrieb.

Beim Kauf des Autopiloten sollte auf eine optimale Anpassung an das Schiff geachtet werden. Sowohl Unter- als auch Überdimensionierung führt zu unnötigem Stromverbrauch. Auf einem Eignerschiff mit Langfahrtplänen sollte man über die Anschaffung einer Wind-Selbststeueranlage wie Windpilot, Monitor oder Aries nachdenken.

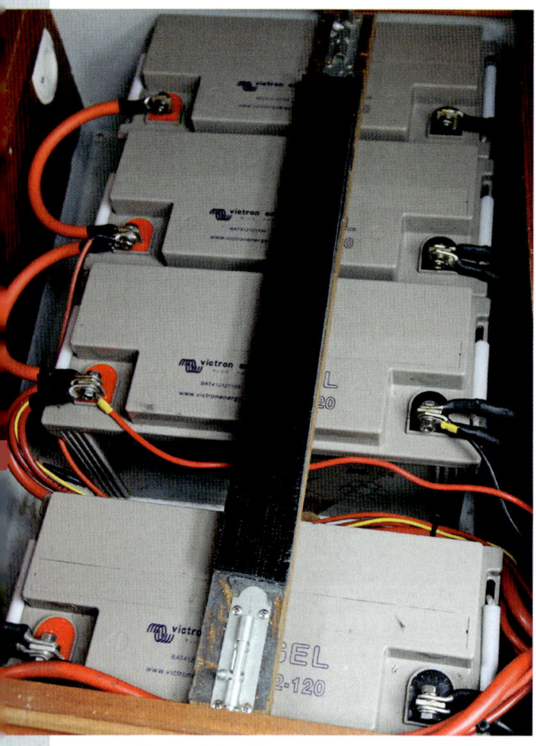

Batteriebank

**Bordbatterien** haben in der Regel – je nach Einsatzform, Betriebstemperatur und Zahl der Entladungzyklen – eine Lebensdauer von etwa 5 bis 10 Jahren. Zu beachten ist, dass alle Batterien – allerdings abhängig von ihrer Bauart und Pflege – im Laufe der Jahre ihre Speicherkapazität immer weiter verringern. Normale Bleibatterien können nach 5 Jahren möglicherweise nur noch die Hälfte der in den technischen Daten angegebenen Kapazität besitzen. Bei hohen Außentemperaturen (Tropen) kann dieses Halbierungsintervall auch möglicherweise nur zwei Jahre betragen. Welche Art von Batterien sollte beim Neukauf bevorzugt werden?

Normale Bleibatterien mit flüssiger Schwefelsäure, wie sie in Autos eingebaut werden, sollten an Bord keine Verwendung finden. Einige Fabrikate können bei extremer Krängung auslaufen und können beim Laden schwefelige Gase absondern, die – da oft unter Kojen eingebaut – gesundheitsschädlich sind.

So genannte wartungsfreie Gel-Batterien sind geeigneter, wenngleich auch etwas teurer, denn sie sind auslaufsicher und gasen nicht beim Laden. Allerdings sind sie nicht als Starterbatterien oder für das Bugstrahlruder geeignet, denn sie vertragen keine sehr hohen Entladeströme. Für diesen Einsatzbereich sind sogenannte AGM-Batterien von Vorteil, denn sie nehmen keinen Schaden bei sehr hohen Entladeströmen. Die technische Entwicklung hat Lithiumbatterien inzwischen zuverlässig und erschwinglich gemacht. Sofern die Version Lithium-Eisen-Phosphor (LiFePO4) gewählt wird, ist auch das Explosionsrisiko vernachlässigbar. Über den Vorteil der ohne Nachteile möglichen Tiefentladung hinaus ist auch das deutlich geringere Gewicht ein Vorteil.

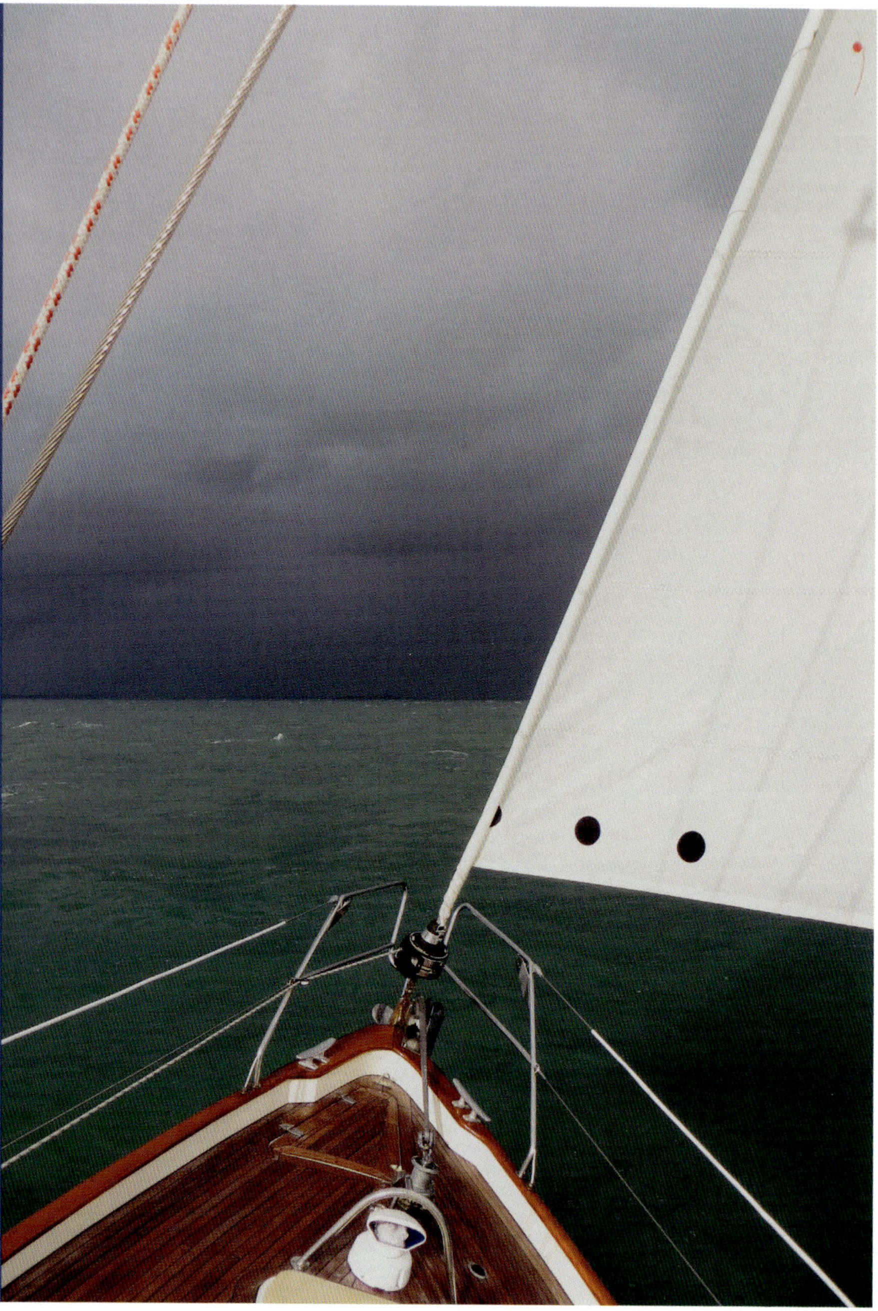

# 2. Meteorologische und ozeanographische Aspekte

Mike, unser erfahrener Skipper ist Bayer und kennt sich im Mittelmeer aus wie kaum ein anderer. Nur leider sind wir mit unserem Schiff momentan vor der norwegischen Küste unterwegs, und alle an Bord segeln hier zum ersten Mal. Wegen schlechten Wetters verlief der Törn bisher etwas anders als geplant und nun stehen wir unter Zeitdruck, zum Törnende unseren Starthafen noch termingerecht zu erreichen. Nachtfahrt ist angesagt, um den Abgabetermin der Charteryacht einzuhalten.

Selbstverständlich weiß unser Skipper, dass in einem Gezeitengewässer wie hier vermieden werden muss, bei viel Wind in Engstellen zwischen Inseln bei Wind gegen Strom zu segeln. Aber der Wind ist mit nur 2 – 3 Beaufort recht schwach. Er soll auch nach Wetterbericht nicht weiter auffrischen. So planen wir, zwischen zwei Inseln hindurch eine Abkürzung in die offene See zu nehmen. Zu unserem momentanen Vorteil schiebt auch noch der Gezeitenstrom mit maximaler Kraft, denn wir haben bei zwei Tagen nach Vollmond nun Springzeit. Optimale Verhältnisse, wie wir meinen, um Zeit zu gewinnen.

Schon in der Annäherung etwa zwei Meilen vor der Engstelle zeigt das GPS 7 Knoten über Grund, während die Logge nur 5 Knoten Fahrt durchs Wasser angibt. Die Inseln kommen immer näher und die Differenz der beiden Geschwindigkeiten steigt stetig. Doch auch der Seegang nimmt zu! Warum eigentlich? Bei dem schwachen Wind? Das GPS zeigt inzwischen 8 Knoten, dann 9 und die Schiffsbewegungen werden grob. Erste kleine Brecher klatschen an Deck und verunsichern uns zunehmend. Inzwischen ähnelt unsere Fahrt trotz des schwachen Windes immer mehr einem Bullenreiten als einem Urlaubssegeltörn. Der Rudergänger hat Mühe das Schiff auf Kurs zu halten, und es kommt vor, dass erste Brecher in voller Länge über das Deck laufen und auch das Cockpit teilweise füllen. Steckschotten in den Niedergang! Lifebelts anlegen! Die beiden Kaps der Inseln sind mit Leuchttürmen gut befeuert, und wir können immerhin beurteilen, wie weit wir inzwischen in der Passage sind. Doch in der Dunkelheit können wir nicht beurteilen, was noch an Seegang auf uns zukommt. Der Horizont vor uns, draußen auf offener See ist bei dieser schlechten Sicht nicht auszumachen. Vielleicht ist das auch besser so…

Mit eingepickten Lifebelts – Rettungswesten sind sowieso angelegt – muss zumindest niemand befürchten, durch einen Brecher außenbords gespült zu werden.

Der Ritt wird immer brutaler. Die Schiffsbewegungen entsprechen in keiner Weise den Windbedingungen… Was ist hier los? Was kommt noch auf uns zu?

Nach etwa einer halben Stunde beginnt die Lage sich endlich zu entschärfen. Der Seegang wird schwächer, und gleichzeitig zeigt unser GPS, dass auch die Strömung deutlich nachgelassen hat.

Nach einer weiteren halben Stunde segeln wir wieder entspannt in leicht bewegter See, und hinter den Bergen hinter uns zeigt sich die Morgendämmerung. Sehr langsam segeln wir periodisch sanft angehoben und abgesenkt in einer langgezogenen, aber recht hohen Dünung.

Was war die Ursache für den nächtlichen Geistertanz? Wind gegen Strom hatten wir keinen! Nein, aber eine hohe Nordsee-Dünung gegen einen Springzeit-Ebbstrom! Woher kam die Dünung? Beim erneuten Abhören des Wetterberichtes am nächsten Tag verstehen wir die Ursache: Ein weit entferntes Starkwindtief bei Schottland liegt zwar weit genug von uns entfernt; sein Wind kann jedoch unser Seegebiet hier in Norwegen zumindest heute noch nicht beeinflussen. Aber der schottische Starkwind hat in den letzten Tagen im Westen eine hohe Dünung aufgebaut, die nun über die gesamte nördliche Nordsee zu uns hinüberrollt. Und so wurde uns der eigentlich von der Richtung her vorteilhaft starke Tidenstrom beinahe zum Verhängnis.

## Wind

Was bereits für die meteorologische Vorbereitung eines Törns am Tage dazugehört, ist umso notwendiger bei einer Nachtfahrt: Es muss ein aktueller Seewetterbericht für das zu befahrende Seegebiet eingeholt werden.

In Küstennähe ist dies u. a. über UKW (VHF/Seefunk) möglich. Die Ankündigung erfolgt weltweit nach wie vor auf Kanal 16. Allerdings holen sich die meisten Skipper heutzutage den Seewetterbericht aus dem Internet per Handy oder Laptop. In der Tat ist die Informationsdichte und auch die Zuverlässigkeit von professionellen Seewetterberichten einiger Meteo-Anbieter oft besser, als die Berichte der Küstenfunkstellen.

Die Kenntnis der zu erwartenden Wetterlage ist eine Grundvoraussetzung dafür, ob eine Nachtfahrt überhaupt ins Auge gefasst werden soll, oder nicht. Abhängig von der Erfahrung und Belastbarkeit der Crew wird man die Nachtfahrt möglicherweise nicht antreten, wenn mit ungünstigem Wind zu rechnen ist.

Doch was ist ungünstiger Wind? Sofern man die Wahl hat, sollten mit einer unerfahrenen Crew Kreuzkurse bei Nacht vermieden werden. Allein die dabei unweigerlich auftretende stärkere Krängung und das Stampfen des Schiffes machen jede Bewegung an und unter Deck zur gymnastischen Übung. Stürze und mögliche Verletzungen werden somit wahrscheinlicher.

Welche Windstärke hingegen nachts als noch akzeptabel angesehen wird, muss im Einzelfall individuell entschieden werden. Zu viele Variablen spielen da eine Rolle:

Zuerst einmal natürlich die Erfahrung und Belastbarkeit der Crew. Während mit einer erfahrenen Crew ein Raumwind- oder Halbwindkurs bei 7 Beaufort durchaus noch gut zu segeln ist, kann mit einer Anfängercrew schon Windstärke 5 zuviel Risiko bedeuten.

Dass die Bootsgröße eine Rolle spielt, ist selbstverständlich. Für ein 7-Meter-Boot ist ein Kreuzkurs bei 5 Beaufort möglicherweise schon ein Schwerwettertörn, während eine 14-Meter-Yacht locker 7 Windstärken auf allen Kursen wegsteckt.

Außerdem kommt es darauf an, ob der Wind ablandig oder auflandig ist, und in welchem Abstand zur Küste gesegelt werden soll. Ein Nachttörn parallel zu einer in Sichtweite befindlichen Küste kann bei ablandigem Wind auch noch bei 7 Windstärken ein Genuss sein, sofern der Fetch (die dem Wind zur Verfügung stehende freie Seefläche nach Luv) nicht groß genug ist, um höheren Seegang aufzubauen. So baut beispielsweise ein ablandiger Starkwind von 30 Knoten (Windstärke 7) bei 2 Seemeilen Abstand zur Küste nur eine Welle von maximal 1 Meter Höhe auf. Bläst hingegen der gleiche Wind auflandig und hat einen Fetch von mehr als 20 Seemeilen zur Verfügung, so beträgt die mittlere Wellenhöhe 2 bis 3 Meter, was wohl für die meisten Crews schon das obere akzeptable Limit bedeutet.

Zwei weitere Aspekte bei der Entscheidung die Nacht durchzusegeln, sind die Dünung und die Tide (Gezeiten), sowie deren Zusammenwirken.

■ Tabelle 2: Windumrechnungstabelle

| Knoten | Bft. | m/sek. | km/h | Bezeichnung | Erkennbarkeit auf See |
|---|---|---|---|---|---|
| 1 | **0** | 0 - 0,2 | 1 | Windstille | Spiegelglatte See |
| 1 - 3 | **1** | 0,3 - 1,5 | 1 - 5 | Leiser Zug | Kleine Kräuselwellen ohne Schaumkämme. |
| 4 - 6 | **2** | 1,6 - 3,3 | 6 - 11 | Leichte Brise | Kleine, kurze Wellen, glasige, nicht brechende Kämme. |
| 7 - 10 | **3** | 3,4 - 5,4 | 12 - 19 | Schwache Brise | Kämme beginnen zu brechen. Schaum glasig, vereinzelt Schaumköpfe. |
| 11 - 15 | **4** | 5,5 - 7,9 | 20 - 28 | Mäßige Brise | Wellen noch klein, werden aber länger. Weiße Schaumköpfe treten schon ziemlich verbreitet auf. |
| 16 - 21 | **5** | 8,0 - 10,7 | 29 - 38 | Frische Brise | Mäßige Wellen, die eine ausgeprägte lange Form annehmen. Überall weiße Schaumkämme. Ganz vereinzelt kann schon Gischt vorkommen. |
| 22 - 27 | **6** | 10,8 - 13,8 | 39 - 49 | Starker Wind | Die Bildung großer Wellen beginnt; Kämme brechen und hinterlassen größere weiße Schaumflächen; etwas Gischt. |
| 28 - 33 | **7** | 13,9 - 17,1 | 50 - 61 | Steifer Wind | See türmt sich; der beim Brechen entstehende weiße Schaum beginnt sich in Streifen in die Windrichtung zu legen. |
| 34 - 40 | **8** | 17,2 - 20,7 | 62 - 74 | Stürmischer Wind | Mäßig hohe Wellenberge mit Kämmen von beträchtlicher Länge. Von den Kanten der Kämme beginnt Gischt abzuwehen. Der Schaum legt sich in gut ausgeprägten Streifen in die Windrichtung. |
| 41 - 47 | **9** | 20,8 - 24,4 | 75 - 88 | Sturm | Hohe Wellenberge; dichte Schaumstreifen in Windrichtung. „Rollen" der See beginnt. Gischt kann die Sicht schon beeinträchtigen. |
| 48 - 55 | **10** | 24,5 - 28,4 | 89 - 102 | Schwerer Sturm | Sehr hohe Wellenberge mit langen überbrechenden Kämmen. See weiß durch Schaum. Rollen der See schwer und stoßartig. Sicht durch Gischt beeinträchtigt. |
| 56 - 63 | **11** | 28,5 - 32,6 | 103 - 117 | Orkanartiger Sturm | Außergewöhnlich hohe Wellenberge. Die Kanten der Wellenkämme werden überall zu Gischt zerblasen. Die Sicht ist herabgesetzt. |
| 64 - 71 | **12** | 32,7 - 36,9 | 118 - 133 | Orkan | Luft mit Schaum und Gischt angefüllt. See vollständig weiß. Die Sicht ist sehr stark herabgesetzt. Jede Fernsicht hört auf. |

## Dünung

Auch bei wenig Wind kann es durchaus zu hohem Seegang kommen. Ein Sturm, der sich 500 Seemeilen weit entfernt ausgetobt hat, baut einen Seegang auf, der auch nach Abflauen des Windes noch tagelang und hunderte von Meilen weiterläuft. Ein eindrückliches Beispiel dafür sind die von Surfern so geschätzten Wellen vor Biarritz. Sie haben in der Regel ihren Ursprung nicht in der Biskaya, sondern in einem Starkwindtief westlich der der Britischen Inseln, was immerhin etwa 600 Seemeilen weiter im Nordwesten entfernt ist.

Nun ist Dünung an sich noch nicht weiter störend für den Segler. Im Gegenteil, es kann durchaus angenehm sein, von den langgezogen heranrauschenden, flach ansteigenden Wellen langsam angehoben und nach dem Durchzug des Wellenberges unter dem Kiel ebenso langsam wieder abgesenkt zu werden. Doch gilt dies nur, sofern die Wellenlänge ausreichend groß ist, mindestens etwa 100 Meter.

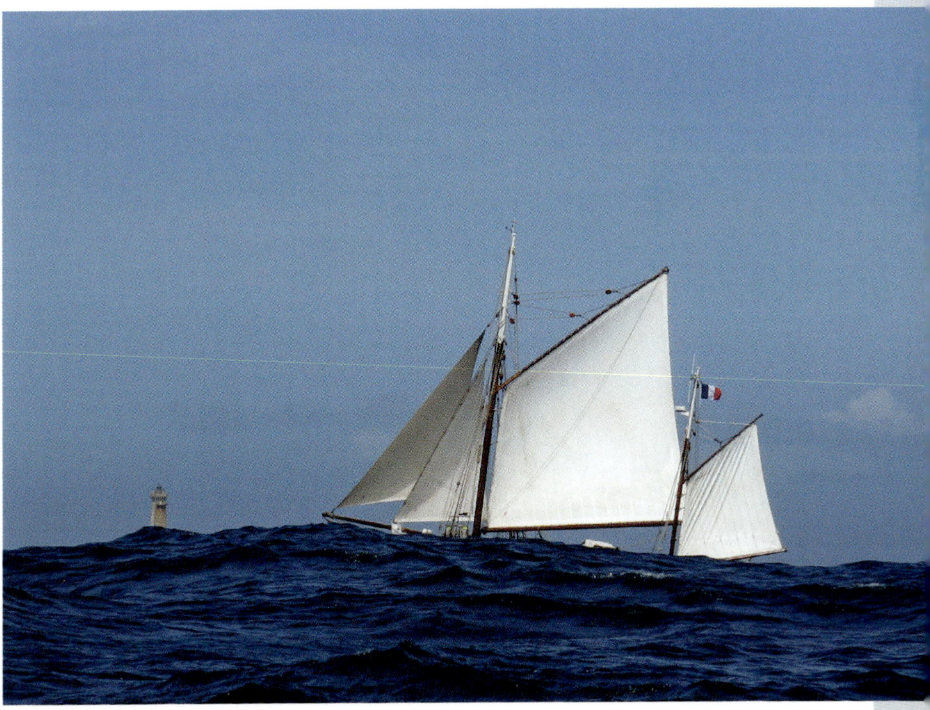

Dünung

Problematisch wird die Dünung allerdings, wenn sie in flacheres Wasser läuft. Folgende Faustregel beschreibt das Phänomen: Verringert sich die Wassertiefe in einem Seegebiet derart, dass sie geringer wird als die halbe Wellenlänge, so werden die Wellenkämme steiler und steiler und werden bei weiter abnehmender Wassertiefe schließlich brechen. So kann sich aus einer zwar recht hohen, aber langgezogen, sanft heranziehenden Dünung beim Übergang von der Tiefsee auf den Festlandsockel eine gefährlich brechende Welle bilden mit meterhoch rollenden Brechern, die leicht das Cockpit einer Yacht vollständig überfluten können.

Aus dem Gesagten folgt, dass bei der Törnplanung die Wassertiefe des zu befahrenden Seegebietes auch im Hinblick auf die im Wetterbericht eventuell angekündigte Dünung beachtet werden muss. Eine angekündigte Dünung von sagen wir 3 Metern Höhe und 100 Metern Wellenlänge kann bei mehr als 50 Meter Wassertiefe durchaus noch akzeptiert werden, während dieselbe Dünung bei nur 20 Metern Wassertiefe bedrohliche Brecher verursachen kann, die im Abstand von weniger als 50 Metern mit steilen Fronten heranrollen.

Brechende See über einer Untiefe

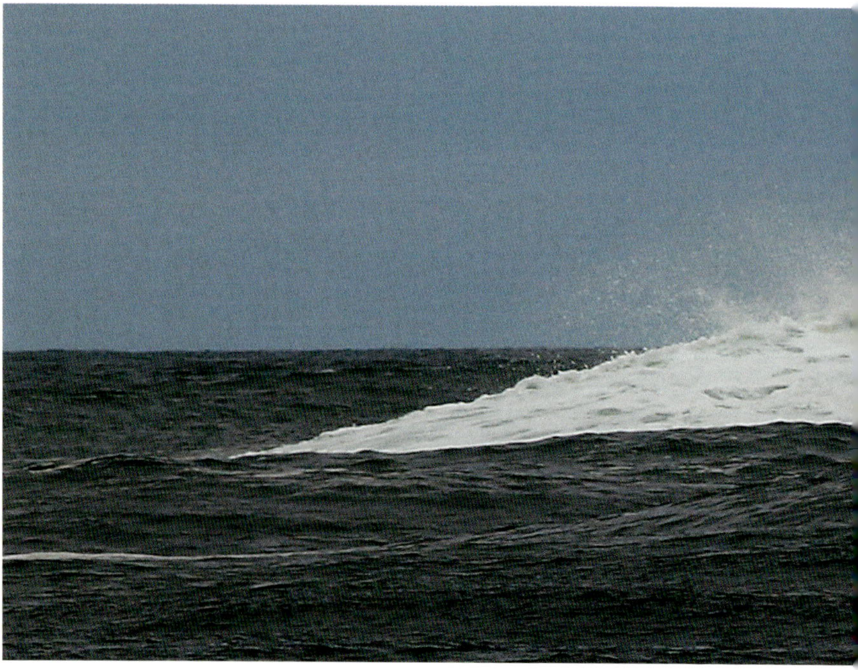

Insbesondere bei Nacht ist die Höhe der heranrollenden See kaum beurteilbar, und so kann es in flacherem Wasser zu bösen Überraschungen kommen.

## Strömung

Dünung kann noch unter einem weiteren Gesichtspunkt gefährlich werden, nämlich dann, wenn sie gegen eine starke Strömung läuft. Insbesondere in Tidengewässern wie beispielsweise der Nordsee, dem Ärmelkanal oder an der französischen Atlantikküste tritt dieses Phänomen in etwa 6-stündigem Wechsel regelmäßig auf. Sofern der Tidenstrom in dieselbe Richtung setzt, in der auch die Dünung läuft, kommt es zu einer Streckung der Wellenlänge und zu einem angenehmen Abflachen der Wellenberge. So bringt eine von Westen kommende Dünung zusammen mit der ebenfalls von West nach Ost laufenden Flut im Ärmelkanal keine Probleme mit sich.

Hingegen sieht die Situation einige Stunden später nach dem Ende der Flut und dem Einsetzen der Ebbe von Ost nach West vollkommen an-

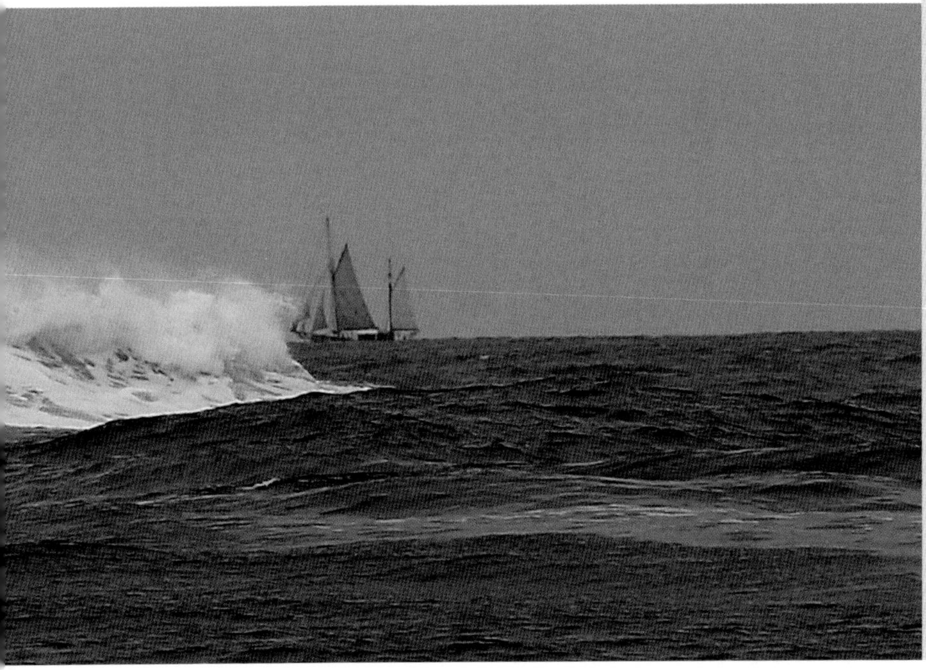

ders aus: Der Ebbstrom steht der Dünung nun entgegen und es kommt zu einer Stauchung, einer Verkürzung der Wellenlänge bei gleichzeitigem Anschwellen der Wellenhöhe. Die Welle wird kurz, steil und beginnt zu rollen, gegebenenfalls auch zu brechen. Das Boot arbeitet schwer in der groben See und kommt möglicherweise auf einem Kreuzkurs gar nicht mehr voran.

Besonders ausgeprägt, ja für eine Yacht geradezu bedrohlich, wird diese Situation an Engstellen zwischen Inseln und dem Festland sowie vor stark herausragenden Kaps wie beispielsweise Portland Bill in Süd-England, zwischen Land's End und den Isles of Scilly, zwischen den Englischen Kanalinseln, vor der Pointe du Raz in der West-Bretagne, oder auch im Skagerrak.

Doch nicht nur bei Tidenstrom gegen Dünung, sondern genauso auch bei Tidenstrom gegen Wind können sich gefährliche Brecher bilden. Sobald der Tidenstrom mehr als zwei Knoten erreicht, muss bei dagegenstehendem Wind davon ausgegangen werden, dass die See gröber wird. Bei mehr als 3 Knoten Strom und dagegenstehendem Wind von mehr als 5 Beaufort sollte man als Seefahrer versuchen, das Seegebiet zu meiden, oder einige Stunden warten bis der Tidenstrom seine Richtung ändert.

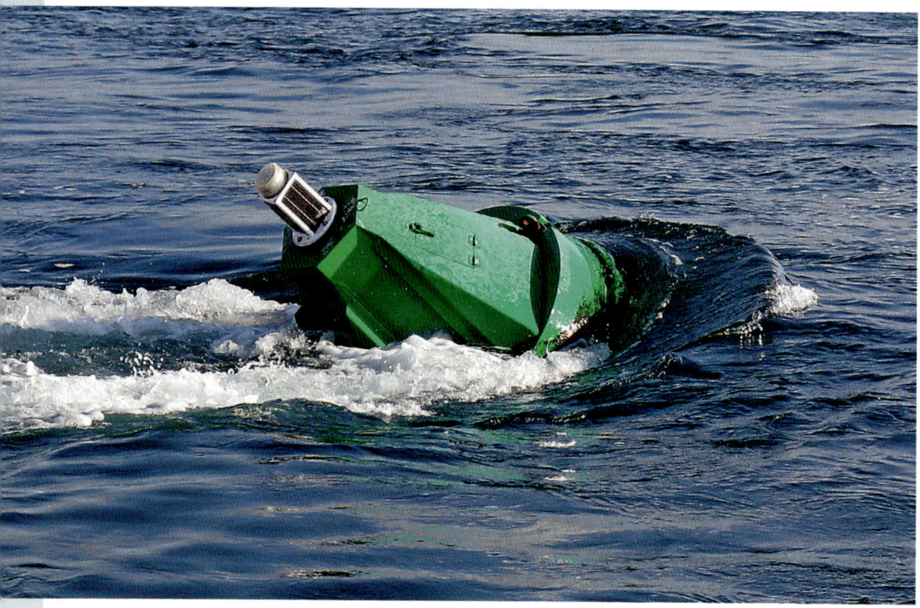

Fahrwassertonne im Tidenstrom

Im Raz de Sein, einer berüchtigten Passage zwischen der Pointe du Raz und der Ile de Sein unweit von Brest/West-Bretagne bauen sich bei Springzeit schon bei nur 5 Windstärken, die gegen eine Springtide von 6 Knoten stehen, bis zu 5 Meter hohe, kurze, steile Brecher auf, die kleinen und mittelgroßen Yachten die Durchfahrt unmöglich machen. Einige Stunden später hingegen, nach dem Kentern des Gezeitenstroms hat sich die wilde See in eine sanft bewegte Wasserfläche verwandelt, denn dann setzt der Gezeitenstrom in dieselbe Richtung wie der Wind.

Kurzum: Sofern der Nachttörn bei Dünung in einem Gezeitenrevier gesegelt wird, müssen die Richtungen von Dünung, Wind und Strom, sowie die Wassertiefe mit besonderer Aufmerksamkeit in die Planung mit einbezogen werden. Bei Nacht ist es umso wichtiger, das Schiff möglichst ruhig zu segeln und somit die Besatzung, aber auch das Material so wenig wie möglich zu belasten.

Um die beschriebenen Probleme zu vermeiden, gehört im Tidengewässer immer der zugehörige Strömungsatlas und der aktuelle Tidenkalender an Bord.

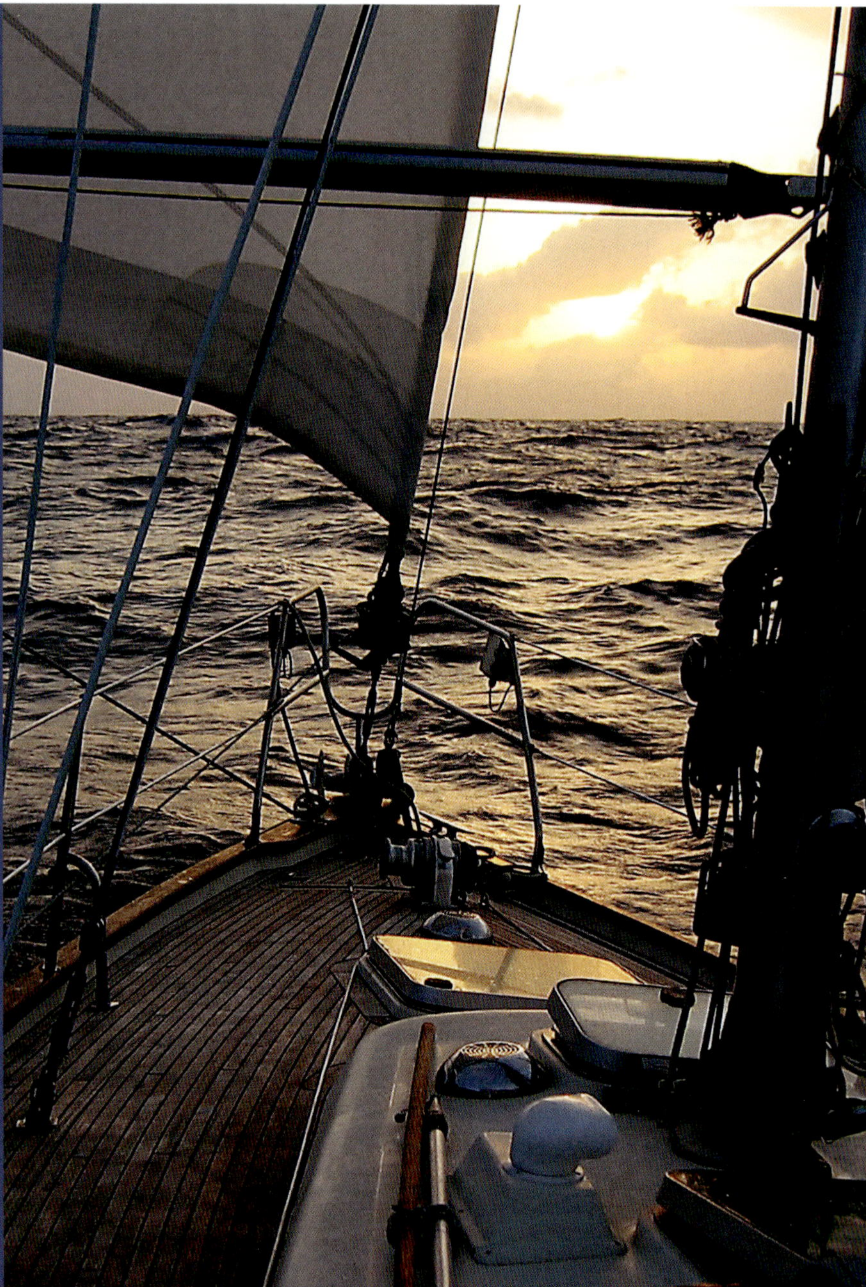

# 3. Segelbedienung und Leinenführung

Schon während des gesamten Nachmittags war der Wind recht schwach und in der Richtung ziemlich unstetig. Ständig müssen wir den Kurs korrigieren, um die optimale Höhe am Wind zu halten, denn unser Ziel, die Insel Madeira, liegt – vom hämisch grinsenden Poseidon wieder mal so diktiert – genau in Luv. Da – wie so oft – die Windmessanlage nur sehr ungenau anzeigt, segeln wir nach Verklicker. Regelmäßige Blicke des Rudergängers zum Masttop sind unumgänglich.

Es wird wohl noch die ganze Nacht dauern, bis wir „Land in Sicht" rufen können. Bis zum Sonnenuntergang zeigt die Logge Werte zwischen 5 und 6 Knoten. Um 22 Uhr ist Wachwechsel. Der neue Rudergänger muss sich alle Mühe geben, bei diesem Kurs hoch am Wind, die maximal mögliche Fahrt im Schiff zu behalten. Die Freiwache legt sich schlafen und genießt die sanfte Bootsbewegung. Doch schließlich wird die Bootsbewegung doch etwas zu sanft. Das Gurgeln des am Rumpf vorbeiströmenden Wassers, das in den Vorschiffskojen besonders gut zu hören ist, wird immer schwächer und es gibt keinen Zweifel: Unsere Fahrt nähert sich immer mehr der Null.

Unser Skipper steht schließlich auf, setzt sich an den Kartentisch und stellt in der Tat sowohl an der Logge als auch am GPS eine Fahrt von 1,5 Knoten fest. Ein Blick durch die Salon-Decksluke ermöglicht es, die Stellung des Verklickers zu prüfen. „Verflixt noch mal." denkt sich unser Skipper, „Wie oft muss ich dem Rudergänger noch sagen, bei diesen Windverhältnissen mindestens dreimal pro Minute in den Verklicker zu schauen?".

Wind haben wir genug, doch unser etwas verträumter Rudergänger segelt offensichtlich schon seit längerer Zeit nicht optimal **am** Wind, sondern mit nur noch etwa 30° Verklickerwinkel zur Kielrichtung fast **im** Wind. Der Verklicker steht klar innerhalb des Sektors, der unseren „Tabu-Winkel" beim Kreuzen angibt. Unser Skipper holt etwas genervt eine Handlampe, steigt den Niedergang hinauf und leuchtet, ohne dem Rudergänger ein Wort zu sagen in die Genua. Zwar schlagen die Segel noch nicht, aber das Vorliek der Genua fällt deutlich ein, was auch bei dem Kurs zum Wind, den wir momentan steuern, kein Wunder ist.

„20 Grad abfallen!" heißt es trocken, denn nur so können die Segel wieder ziehen. In der Tat nimmt das Schiff deutlich Fahrt auf und binnen einer Minute zeigt die Logge wieder 5 Knoten. Das sollte reichen, um am nächsten Mittag in Funchal Thunfisch in Madeira-Sauce zu genießen, sofern der Rudergänger denn hin und wieder in den Verklicker schaut.

## Reffen, Leinenführung

Über die windabhängige Auswahl der Segelgarderobe im Allgemeinen soll hier nicht gesprochen werden, denn dies gehört zum Grundwissen. Aber was ist dazu bei Nachtfahrt besonders zu beachten?

Grundsätzlich muss vorausschauend möglichst vermieden werden, dass nachts Arbeit an Deck notwendig wird. Es ist darum **nachts immer**

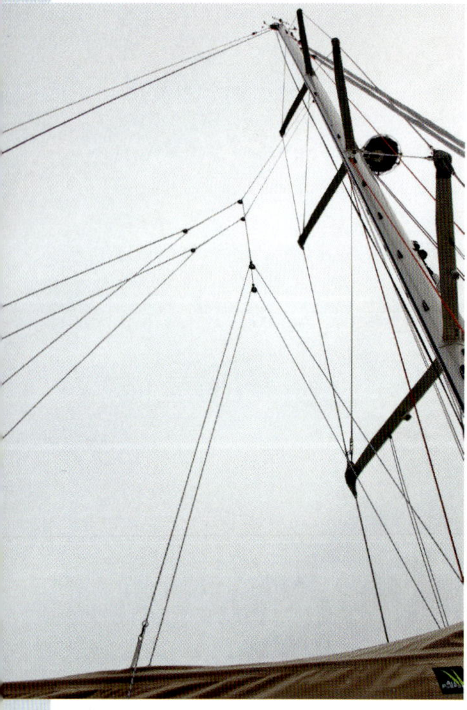

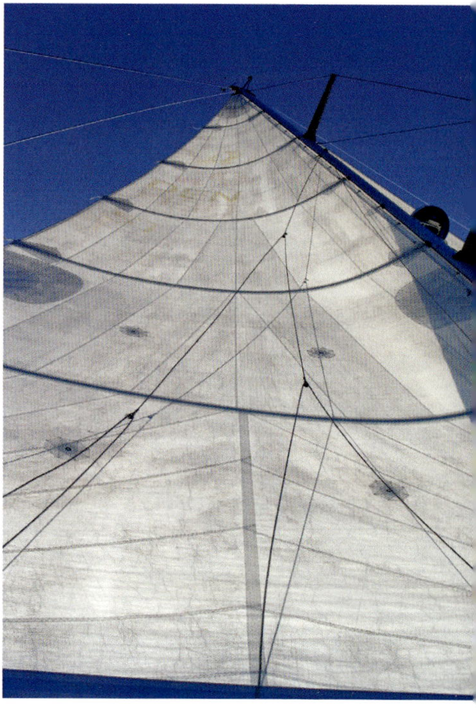

Lazyjacks

**besser, untertakelt zu sein, als übertakelt.** Wenn Probleme entstehen, dann erfahrungsgemäß in der Regel eher beim Einreffen als beim Ausreffen. Nach dem Abhören des letzten Wetterberichtes vor Sonnenuntergang wird also entschieden, ob die aktuelle Besegelung unverändert bleibt, oder ob noch vor Eintritt der Dunkelheit ein Reff ins Groß eingebunden werden soll. Da Vorsegel heutzutage auf Fahrtenyachten praktisch immer auf zuverlässigen Rollanlagen montiert sind, kann mit dem eventuellen Reffen der Genua bzw. der Fock gewartet werden.

Zwar ähneln sich die meisten Charterschiffe heutzutage in vieler Hinsicht wie ein Ei dem anderen, doch bei der Reffeinrichtung insbesondere am Großsegel gibt es durchaus Unterschiede. Am unproblematischsten zu bedienen ist nach wie vor das klassische Bindereff mit zwei oder drei Reffreihen in Verbindung mit Lazyjacks und eventuell zusätzlich einem Lazybag.

Zwar gibt es durchaus gut funktionierende Rollanlagen auch für das Groß, doch leider arbeiten sie oft nur ohne zu klemmen, wenn sie noch neu sind. Es kommt hinzu, dass es nachts erheblich schwieriger ist als am Tag, das Tuch vom Großsegel faltenfrei einzurollen. Dies ist kein ästhetisches Argument, sondern ein Sicherheitsaspekt, denn wenn zu viele Falten beim Einrollen entstehen, kann es zu totalem Einklemmen des Tuchs in der Mastkiep führen. Dann ist weder einreffen noch ausreffen möglich, so dass bei auffrischendem Wind eventuell viel zu viel Segelfläche stehen bleibt.

Unabhängig davon welches Reffsystem auf dem Schiff vorhanden ist, sollte sich die Crew auf jeden Fall mit dem System tagsüber so vertraut machen, dass die Bedienung bei Nacht routiniert durchgeführt werden kann.

Die Frage, ob Fallen, Strecker und Reffleinen vom Groß grundsätzlich zurück in die Plicht geführt werden sollten, ist durchaus zwiespältig zu beurteilen. Immer wieder hört man als Argument für in die Plicht geführte Leinen, dass man dadurch vermeidet, das sichere Cockpit verlassen zu müssen. Doch ist dies wirklich so?

Die Rückführung vom Mast in die Plicht erfordert zahlreiche Umlenkblöcke, die nicht nur zusätzliche Reibung verursachen, sondern die auch nicht selten Ursache für Klemmer sind. Zu leicht bildet sich in einer Leine ein Kinken, der sich dann vor dem Block festklemmt. Also muss dann in diesem Fall dennoch die Plicht verlassen werden, möglicherweise in einer Stresssituation mit viel Wind und Welle mitten in der Nacht. Wenn nicht jeder Schritt an Deck durch Gewohnheit zur Routine geworden ist,

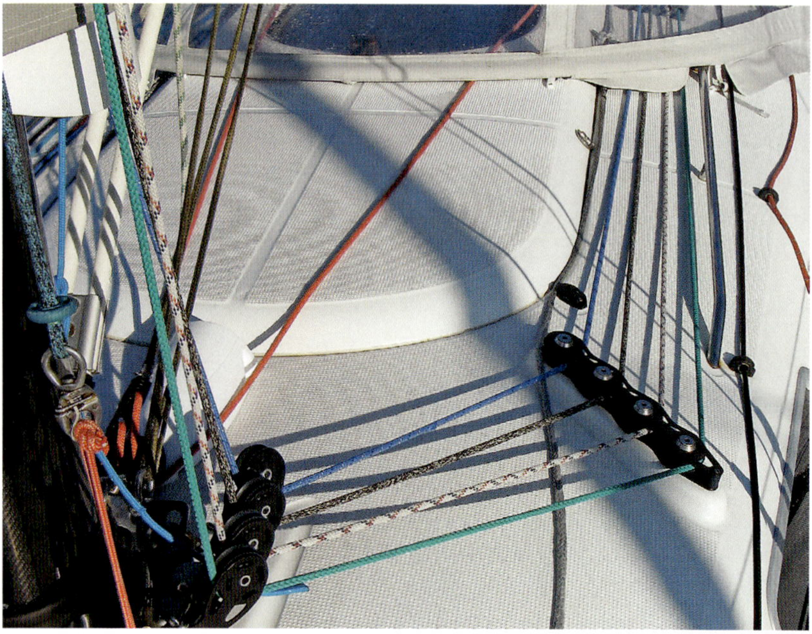

Fallen zum Cockpit geführt

wird es in der Tat für das Crewmitglied insbesondere bei Nacht schnell gefährlich.

Bei am Mast belassenen Leinen hingegen ist der Gang vom Cockpit zum Mast Routine und folglich in einer unvorhergesehenen Situation nicht mit zusätzlichem Stress wegen ungewohnter Bewegungsabläufe verbunden. **Routine gibt Sicherheit!** Und das ist nachts umso wichtiger! Dass allerdings ein solcher nächtlicher Einsatz am Mast **niemals** ohne Beobachtung aus der Plicht durch ein zweites Crewmitglied erfolgen sollte, und der Mann am Mast bei seiner Arbeit mit Lifebelt eingepickt sein sollte, versteht sich von selbst. Der funktionsfähige Decksscheinwerfer ist hierbei Gold wert.

Sofern ein Raumschotskurs gesegelt wird, ist dringend zu empfehlen, einen Bullenstander zu setzen. Die Leine, die das ungewollte Umschlagen des Großsegels von einer Seite zur anderen verhindert (z.B. durch unkonzentrierten Rudergänger) ist von der Nock des Großbaums nach vorn zu führen und dann, auf dem Vorschiff umgelenkt, zurück nach achtern in die Plicht. Zu bedenken ist allerdings dabei, dass die Manövrierfähigkeit des Schiffes eingeschränkt wird, denn eine Halse erfordert das vorherige, zeitaufwendige Wegnehmen des Bullenstanders.

Es kann nicht genug betont werden, wie wichtig es ist, dass alle Leinen, Fallen und Strecker routiniert immer am selben Ort ordentlich aufgeschossen gelagert werden. Wenn es schon am Tag nervt, Leinenspaghetti zu entturnen, so wird dies nachts zum zusätzlichen Sicherheitsrisiko.

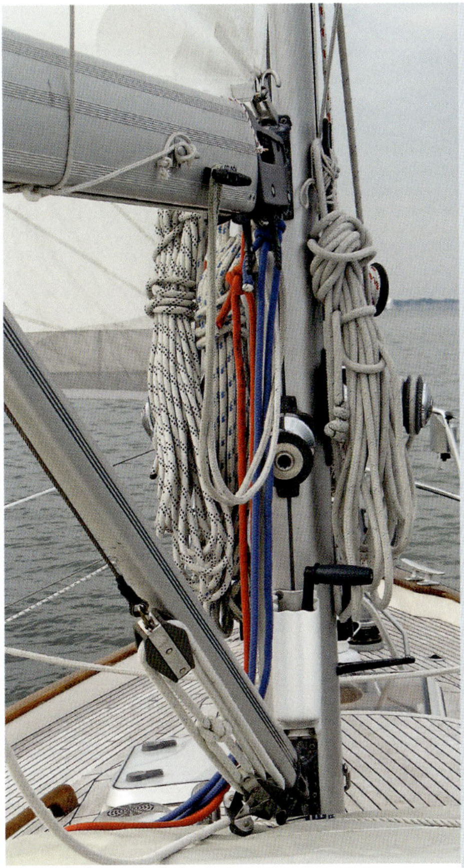

Richtig aufgeschossene Leinen am Mast

## Segelstellung und Segeltrimm

Schon tagsüber fällt es vielen Crews schwer, das Segelprofil und die Segelstellung zu optimieren. Nachts wird dies natürlich umso schwieriger sein. Beurteilungsgrundlage für alle Trimmarbeiten an den Segeln ist die Richtung des scheinbaren Windes. Zwar haben die meisten Yachten eine Windmessanlage und auch oft eine elektronische Windrichtungsanzeige, doch sind diese Instrumente erfahrungsgemäß diejenigen mit den höchsten Ausfallraten. Und selbst wenn sie funktionieren, so doch oft nur ungenau. Und ob die Instrumentenbeleuchtung dabei nachts funktioniert, steht auf einem anderen Blatt.

Bei aller hilfreichen Elektronik sollte es sich der Segler nicht abgewöhnen, nach dem Verklicker im Masttop zu segeln. Ein kurzer Blick nach oben etwa ein- oder zweimal pro Minute und Sie sind präzise über die Richtung des scheinbaren Windes informiert.

Nachts erfordert dies natürlich eine zusätzliche kleine Lampe – vorzugsweise LED – im Masttop. Es gibt im Handel zuverlässige LED-Verklickerbeleuchtungen, die auf keinem seegehenden Schiff fehlen sollten.

Sofern der Bootseigner kein weiteres Kabel in den Mast einziehen möchte, so ersetzt er am besten die Ankerlaterne im Masttop durch diese Verklickerbeleuchtung und fährt die Ankerlaterne mobil bei Bedarf an Deck, was ohnehin von Vorteil ist (siehe Kapitel Beleuchtung Seite 13).

Mit einem so beleuchteten, gut ablesbaren Verklicker (die Unterseiten der Windex sind werksseitig immer mit Reflektoren beklebt) lassen sich die Segel optimal der Windrichtung anpassen.

Leider sind die meisten Charterschiffe eher sparsam ausgerüstet und haben in der Regel keine solche Verklickerbeleuchtung. Was tun? Provisorisch helfen dann durchaus auch Bändsel aus leichtem Spinnakertuch, die in etwa 2 Meter Höhe über Deck an die Oberwanten gebunden werden. Bei sternenklarem Himmel sind sie auch ohne Handlampe in ihrer Stellung zum Wind zu erkennen. Ansonsten hilft nur die gute alte Taschenlampe.

Ob nachts neben der Stellung der Segel zum Wind auch deren Profil optimiert werden muss, ist davon abhängig wie ambitioniert die Crew segelt. Was auf einer Rennziege unabdinglich ist, kann vielleicht auf einem Fahrtenboot vorübergehend vernachlässigt werden. Doch das muss jede Crew selbst entscheiden. Nachts ist es wohl auf einem Fahr-

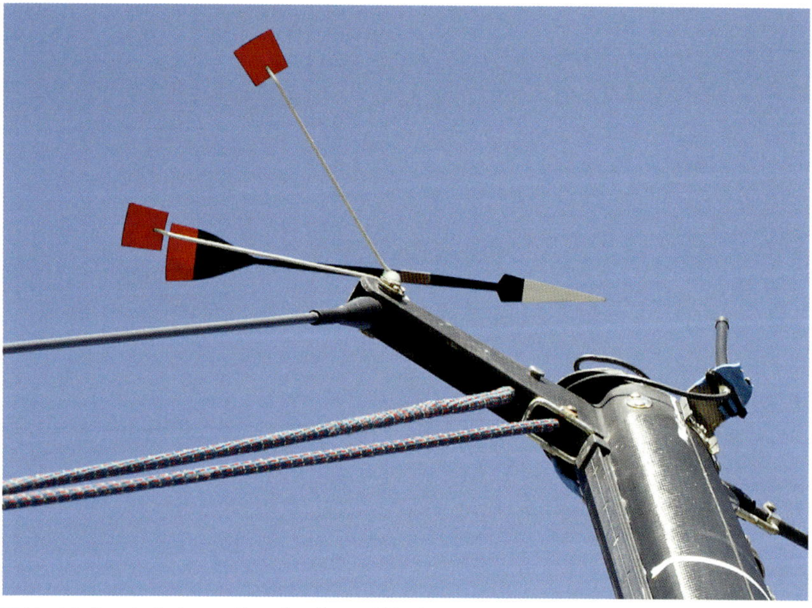

Verklicker bei einem Kurs hoch am Wind

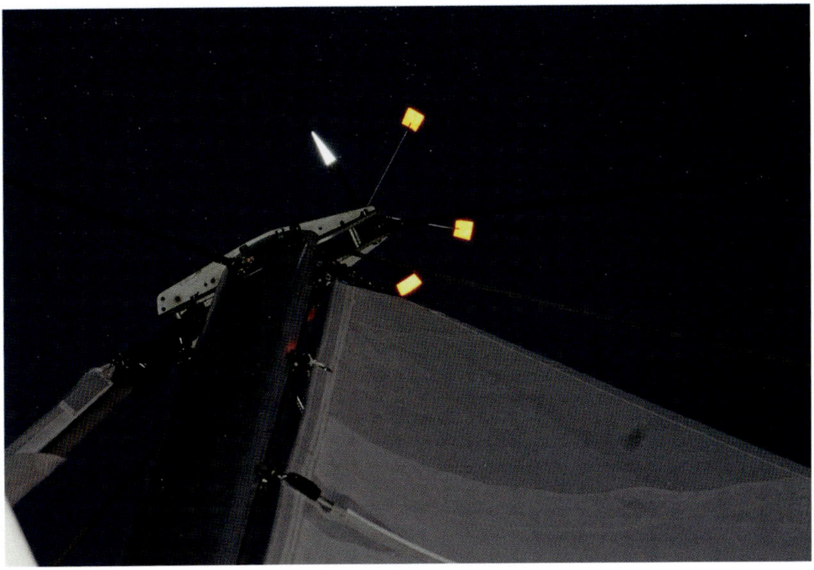

Beleuchteter Verklicker nachts bei Halbwindkurs

tenschiff sinnvoll, das Trimmen der Segel auf die Einstellung des Holepunktes der Genuaschot und die Stellung des Travellers der Großschot zu beschränken. Nächtliches Herumturnen am Achterstagspanner sollte aus Sicherheitsgründen vermieden werden. Und auch der Baumniederholer bleibt besser durchgeholt und belegt. Ob damit dann die Segel passend stehen und akzeptabel getrimmt sind, lässt sich am besten mit einer Taschenlampe prüfen. Die Decksbeleuchtung sollte dazu nicht angeschaltet werden, denn sie blendet den Rudergänger.

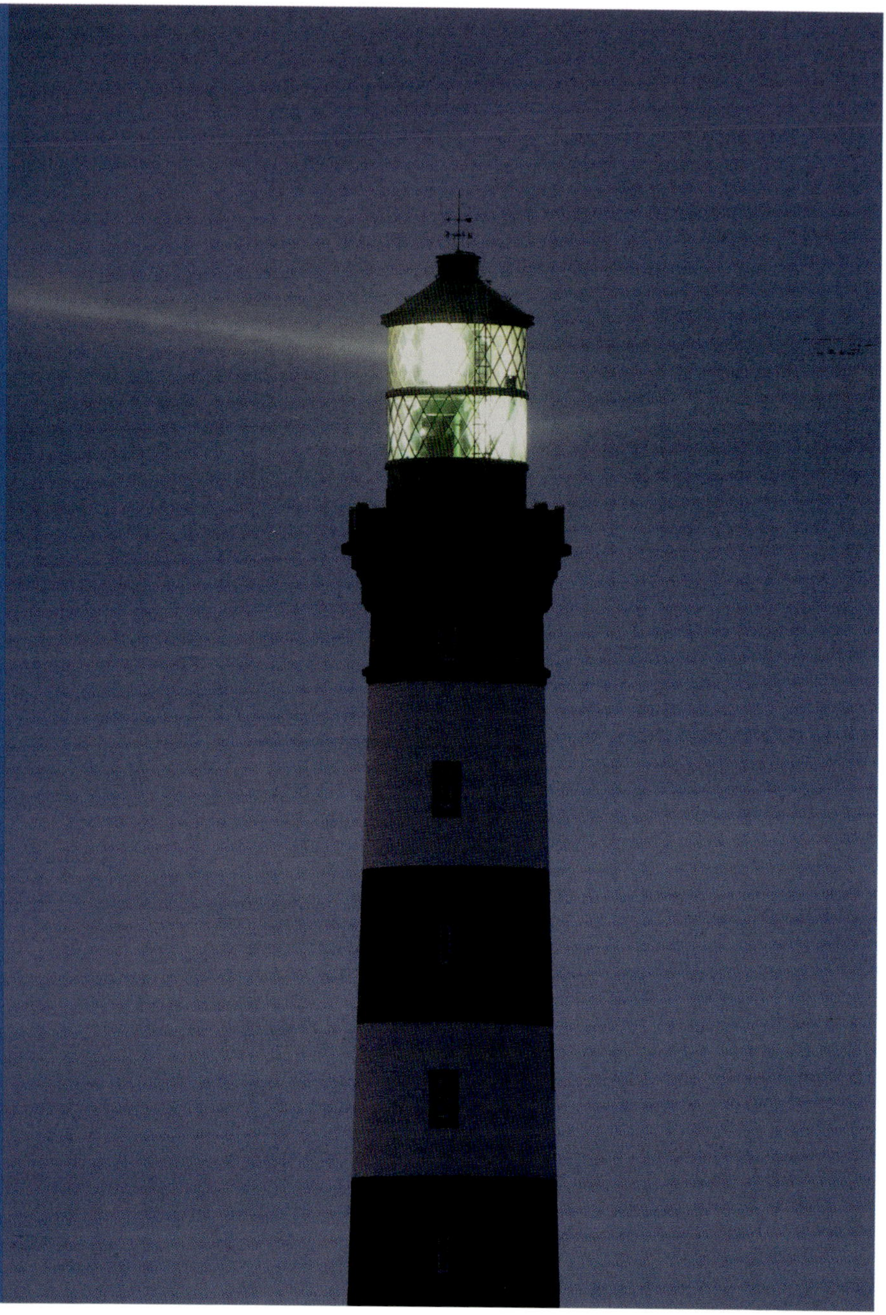

# 4. Navigation bei Nacht

Von Jersey kommend waren es nur 40 Seemeilen bis zur Ansteuerung von St. Malo. Doch der Tidenstrom setzte gegen uns, und so stehen wir nun erst kurz vor Mitternacht vor der Ansteuerungstonne. Das Leuchtfeuer *Grand Jardin*, inzwischen backbord querab, hat uns bis etwa 3 Meilen vor den Hafen geführt. Von nun an müssen wir den manchmal grün, manchmal rot blinkenden Tonnen folgen, die keineswegs immer paarweise das Fahrwasser begrenzen. Einmündende Nebenfahrwasser blinken dazu noch mit eigenen Tonnen und mit der immer näher kommenden Stadt werden auch die Leuchtreklamen, Autoscheinwerfer, Straßenlaternen und was sonst noch alles leuchtet, blinkt und blitzt immer heller und chaotischer. So wird es immer schwieriger, die für unseren Kurs wichtigen Leuchttonnen aus diesem Lichtermeer optisch herauszufiltern. Die Anzeige des Echolots wirkt auch nicht gerade beruhigend: Nach Karte müssten wir eigentlich noch etwa 7 Meter Wassertiefe haben, aber die Elektronik bietet nicht mehr als 5 Meter, Tendenz abnehmend. „Verdammt! Wenn man doch wenigstens die beiden weißen Richtfeuer ordentlich sehen könnte!" flucht der Rudergänger. In der Tat blinkt da irgendwo in der Stadt noch ein anderes nicht klar zu identifizierendes weißes Licht, das uns weiter verunsichert. Und plötzlich kommt es ganz dick: Ein großer dunkler Fleck beginnt sich zu bewegen und ein Teil des städtischen Lichtermeeres verschwindet vollständig. Drei Etagen gelblich leuchtender Lampen bewegen sich allerdings gleichzeitig mit dem dunklen Fleck. „Klar … die England-Fähre!". Ihre Positionslaternen sind erheblich schwächer als die alles überstrahlende Decksbeleuchtung. „Jetzt kommen in diesem engen Fahrwasser auch noch Monster auf uns zu!" beschwert sich der Rudergänger und das Echolot bestätigt, dass wir wohl nicht allzu viel Spielraum haben werden, um der langsam aber sicher auf uns zu kommenden Fähre nach steuerbord auszuweichen. Der Blick auf die Seekarte lässt den Nervenkitzel sich weiter zuspitzen. Mehrere Flachs, einige offensichtlich mit Felsen bis knapp unter die Oberfläche, machen es praktisch unmöglich, das Fahrwasser nach steuerbord zu verlassen. Sollen wir nach backbord ausweichen und gegen das Rechtsfahrgebot verstoßen? Zumindest ist es auf der Backbordseite auch außerhalb des Fahrwassers noch tief genug für uns. Nur wo ist eigentlich der Fahrwasserrand? Die nächste Tonne liegt etwa eine halbe Meile voraus, und so können wir nur schätzen und dem Echolot vertrauen. Es bleibt keine weitere Zeit zum Nachdenken, denn das beleuchtete Seeungeheuer ist inzwischen so nah heran, dass wir uns nur noch ganz klein machen können. Das Dröhnen der gigantischen Schiffsdiesel zieht an uns vorbei, während unser Kiel auf Tuchfühlung mit den Felsen an der Steuerbordseite des Fahrwassers geht. Es reicht knapp … „Und wo ist nun verflixt noch mal die Einfahrt in die Marina?" Drei grüne Blitze alle 6 Sekunden, die Kennung des Molenfeuers, würden uns aus der Unsicherheit erlösen, aber was dort hinten grün leuchtet, wechselt kurz danach auf rot und scheint wohl eher eine Ampel zu sein. „Erstmal wieder ins tiefe Wasser und nach Kompass die Ansteuerung des Richtfeuers suchen. Dann sehen wir schon weiter", meint unser Skipper. Tatsächlich, mit dem Erreichen der Mitte des Fahrwassers kommt zwar schwach, aber in seiner Kennung identifizierbar das Molenfeuer der Marina endlich in Sicht. Den Rest der Anspannung spülen wir eine halbe Stunde später unter Deck mit einem kühlen Bier hinunter.

## Befeuerung in Küstengewässern

Hafenansteuerung von Portsmouth/Süd-England: Es blitzt und blinkt an Land und auf dem Wasser … weiß, rot, grün, gelb … wie eine italienische Sylvesterbeleuchtung. Wo sind die Tonnen und Leuchtfeuer in diesem Chaos aus Reklameleuchten, Autoscheinwerfern, Ampeln und sonstigen Lichtern? Ist das konstante rote Licht recht voraus die Backbordlaterne eines Seglers, oder die Rückleuchte von einem Motorrad?

Auf dem Hintergrund eines solchen Durcheinanders von Lampen und Lichtern ist es extrem schwierig, Positionslaternen anderer Fahrzeuge oder Feuer der Hafenansteuerung eindeutig auszumachen. Wie hilft man sich?

Der Nachtsegler sollte in der Lage sein, eine Seekarte in allen Details zu lesen, insbesondere im Hinblick auf die Abkürzungen der Kennung von Leuchttonnen und Leuchtfeuern. Bei Unsicherheit hilft die deutsche Seekarte Nummer 1, die so genannte INT 1, in der sämtliche Symbole und Textabkürzungen erklärt sind. Zusätzlich zu den an Bord befindlichen Seekarten, die vielleicht nicht immer auf dem neusten Berichtigungsstand sind, ist auch ein Leuchtfeuerverzeichnis von Hilfe. Es muss nicht das offizielle vom BSH sein. Für europäische Gewässer, für das Mit-

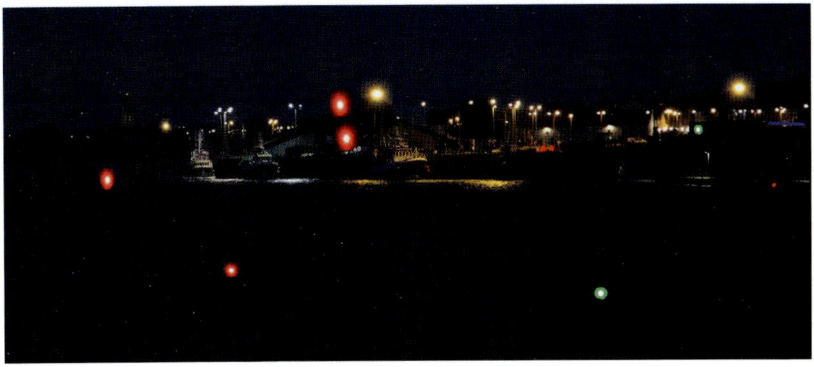

Hafenansteuerung mit Hintergrundbeleuchtung

telmeer und für die Karibik bietet der englische *Reed's* (*Reed's Nautical Almanac*) in drei Bänden alle Informationen für die Ansteuerung kleiner und großer Häfen und dazu noch eine Vielfalt anderer Infos für den Fahrtensegler.

Wie gehen wir nun mit diesen Informationen um? Noch bevor die eigentliche Hafenansteuerung beginnt, hat der Skipper hoffentlich schon die aktuelle Position in die Seekarte eingetragen. Ausgehend von dieser Position lassen sich nun aus der Karte Peilungen entnehmen, sei es zur ersten Tonne des Fahrwassers (der so genannten Ansteuerungstonne), oder zu einem Richtfeuer oder Sektorenfeuer (s.u.), das für die Ansteuerung gebraucht wird. Hilfreich ist dann ein Fernglas mit eingebautem, beleuchteten Peilkompass.

Doch Vorsicht, allzu schnell ist „der Wunsch Vater des Gedankens". Ist das rot blinkende Licht recht voraus wirklich die gesuchte Backbord-Fahrwassertonne? Oder ist es schon das Hafenfeuer auf der Backbordmole? Die Kennung des Feuers, dem Leuchtfeuerverzeichnis entnommen, gibt die Antwort.

Man sollte sich allerdings nicht allzu viele Sorgen machen bei der nächtlichen Hafenansteuerung, wenn es wegen der störenden Hintergrundbeleuchtung nicht sofort

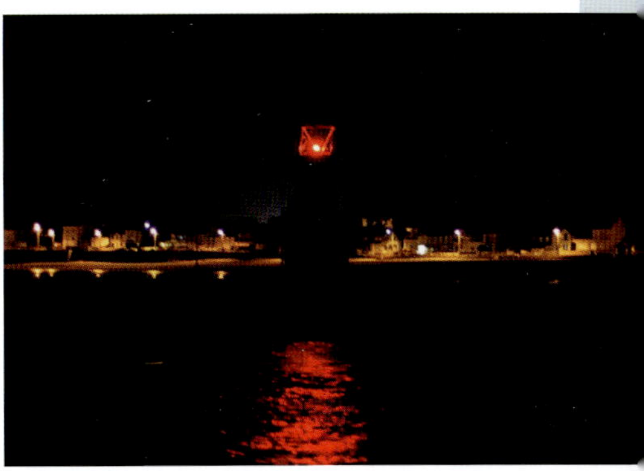

Ansteuerungstonne.

■ Molenfeuer steuerbord

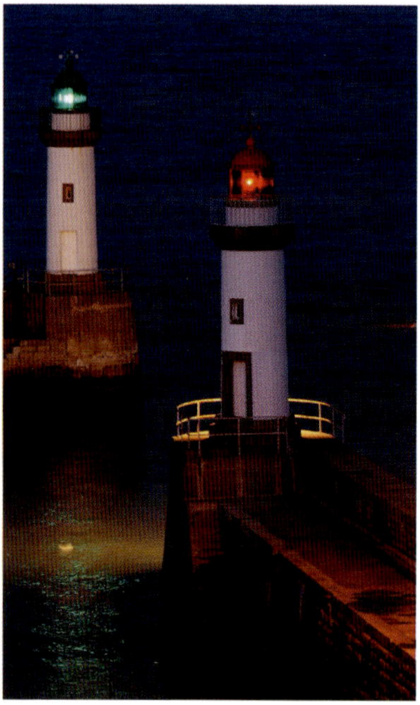

■ Molenfeuer doppelt

gelingt, alle wichtigen Feuer zu identifizieren. Es reicht vollkommen aus, zuerst einmal die Ansteuerungstonne zu finden. Ausgehend von diesem Fixpunkt hangelt man sich dann einfach von Tonne zu Tonne bis zur Hafeneinfahrt durch.

Tonnen sind allerdings keineswegs immer eine absolute Garantie für eine korrekte Ansteuerung. Nach Stürmen können sie vertrieben oder zumindest versetzt sein. Sofern möglich, sollte der Navigator darum feststehende Feuer an Land zur Kontrolle heranziehen und darüber hinaus immer einen kritischen blick aufs Echolot werfen.

Manche, meist kleinere Häfen haben keine Ansteuerungstonnen, sondern lediglich Molenfeuer am seeseitigen Ende der Hafenmole. Sofern der Hafen von zwei Mauern geschützt ist, so gibt es in der Regel zwei Molenfeuer.

**Vorsicht:** Rot an Backbord, grün an Steuerbord ist keineswegs weltweit die Norm! In ganz Amerika von Feuerland bis Alaska und auch in Japan ist die Befeuerung umgekehrt: rot an Steuerbord und grün an Backbord!

Der Blick auf die Karte genügt, um zu entscheiden, ob man direkt auf das Molenfeuer zuhalten kann oder nicht. Manchmal liegen Untiefen (Felsen oder Sandbänke) in der Nähe von Hafeneinfahrten. In diesem Fall haben Häfen zusätzlich oft so genannte **Richtfeuer** als Ansteuerungshilfe. Hierbei handelt es sich um zwei unterschiedlich hohe, zueinander versetzte Feuer an Land (Ober- und Unterfeuer), die so positioniert sind, dass sie als Peilung zueinander – vergleichbar mit Kimme und Korn beim Gewehr – die sichere Ansteuerungslinie zur Hafeneinfahrt kennzeichnen.

Es ist sinnvoll, weit genug draußen auf See diese Richtfeuer zu suchen und mit dem Kurs auf ihre Peilung (eingetragen in der Seekarte) zu gehen.

Schließlich sind noch die **Leitfeuer** – auch **Sektorenfeuer** genannt – zu erwähnen. Leitfeuer haben die glei-

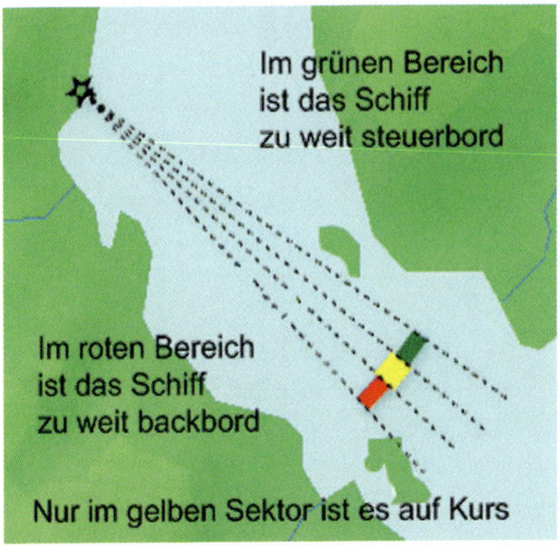


Leitfeuer (Sektorenfeuer) mit den drei Sektoren Rot, Weiß und Grün.

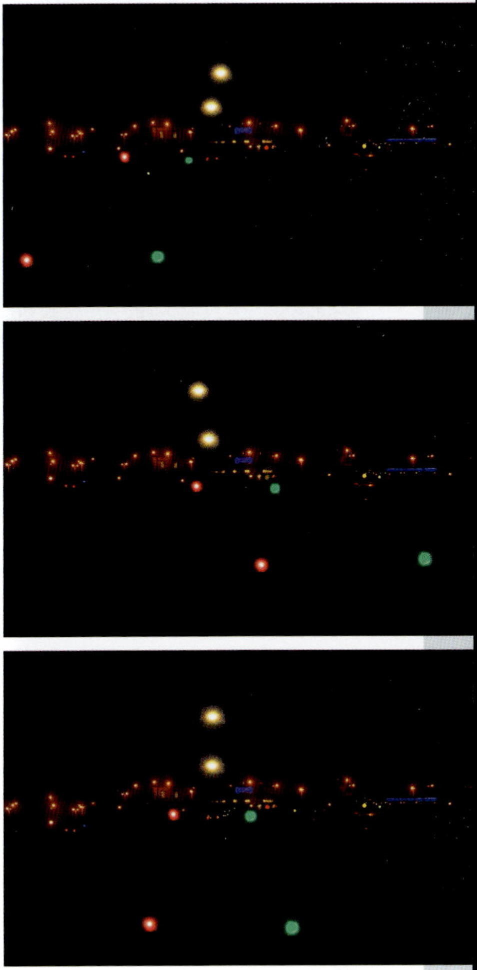

Richtfeuer auf verschiedenen Kursen

che Funktion wie Richtfeuer, sind jedoch anders konstruiert: Sie decken mit einem weißen Sektor (dem Leitsektor) das sichere Fahrwasser der Ansteuerung ab und zeigen gleichzeitig rechts und links von diesem Leitstrahl mit grünem und ro-

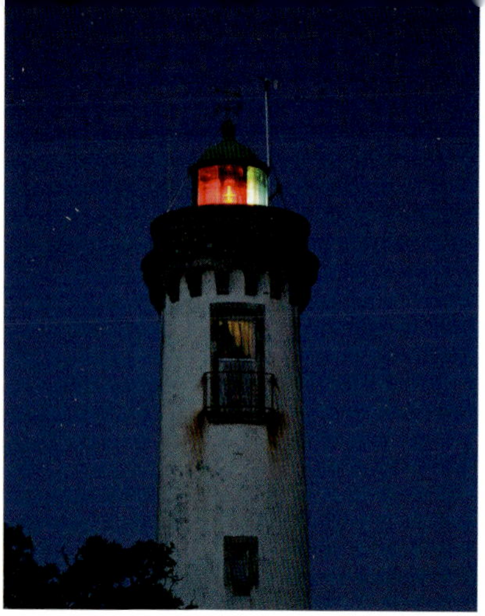

■ Richtfeuer oder Sektorenfeuer.

tem Lichtsektor, die Grenzen des Fahrwassers. Diese Sektoren sind zwar mit einem gewissen Sicherheitsabstand gezogen, sollten aber möglichst nicht befahren werden, da in den Randbereichen Gefahrenstellen (Untiefen, Wracks ...) vorhanden sind.

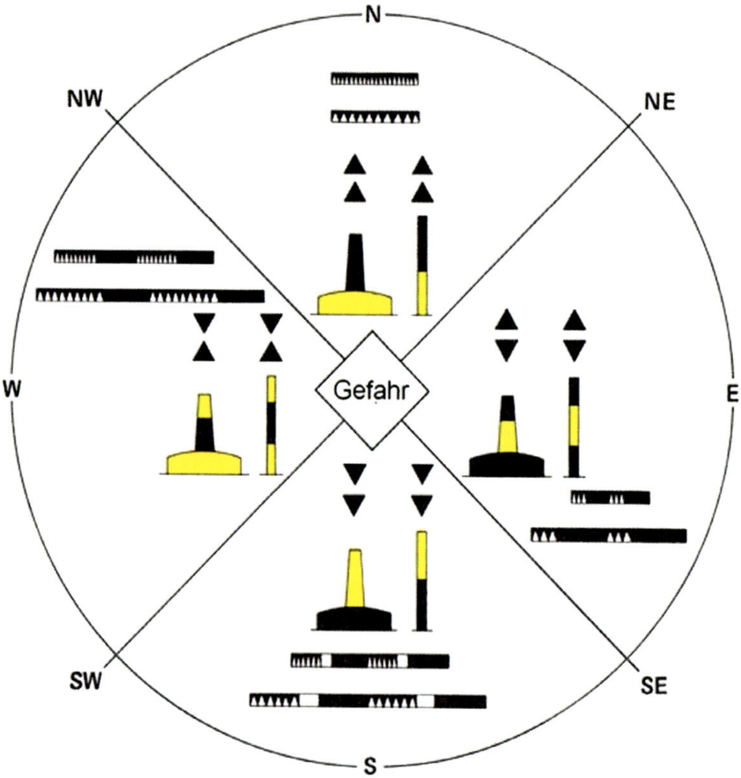


■ Kennzeichnung der 4 Kardinaltonnen nördlich, östlich, südlich und westlich der Gefahrenstelle nach Befeuerung, Lackierung und Topzeichen.

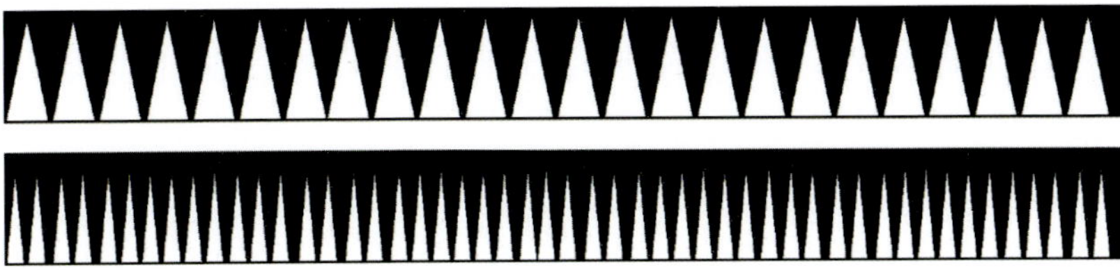

■ Eine **NORD-TONNE** hat nachts kontinuierliche Blitze (Quick, Abkzg. Q.) oder auch schnelle Blitze (Very Quick, Abkzg.VQ.), auch Funkelfeuer genannt.

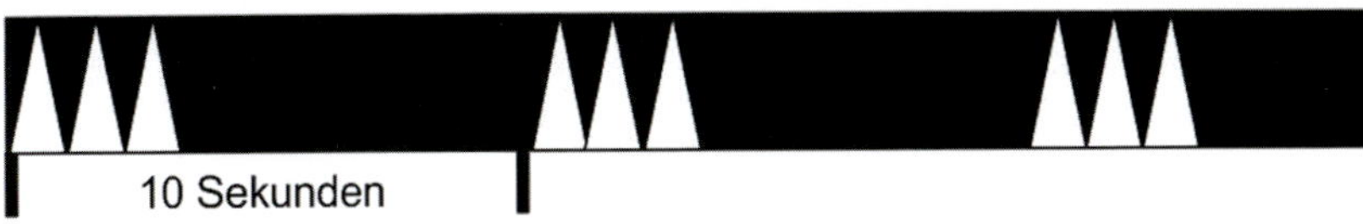


■ Eine **OST-TONNE** hat nachts Gruppen von jeweils 3 Blitzen (Quick 3, Abkg. Q.(3)) Abbildung 13. Hier mit einer Periode von 10 Sekunden.

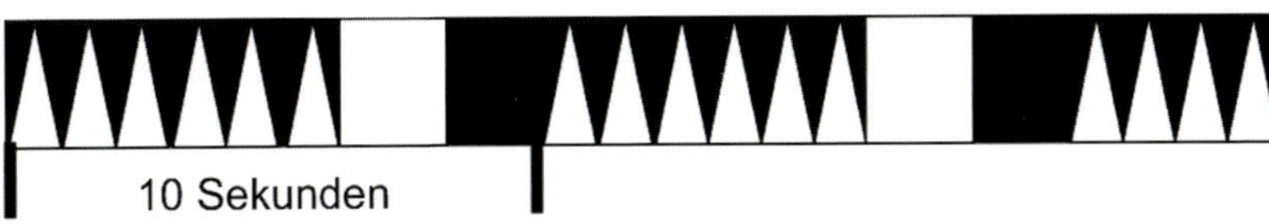


■ Eine **SÜD-TONNE** hat nachts Gruppen von jeweils 6 Blitzen (Quick 6, Abkg. Q.(6)) und danach einen langen Blink (long flash, Abkg. LFl.). Hier mit einer Periode von 10 Sekunden.

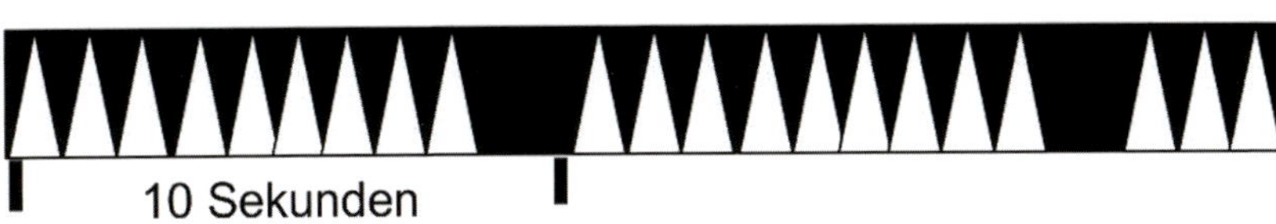


■ Eine **WEST-TONNE** hat nachts Gruppen von jeweils 9 Blitzen (Quick 9, Abkzg. Q.(9)) Hier mit einer Periode von 10 Sekunden.

**■ Merkhilfe**

**Die Zahl der Blitze in N, E, S, W-Richtung ist in Anlehnung an die Richtung der Zeiger einer Uhr gewählt bei 0 Uhr, 3 Uhr, 6 Uhr und 9 Uhr.**

**■ Achtung**

**Es ist in der Realität in der Regel NICHT so, dass die Gefahrenstelle (z. B. Untiefe) mit allen vier Tonnen gekennzeichnet ist! Vielmehr findet der Segler normalerweise nur eine einzige Tonne, die so gesetzt ist, dass die Lage der Gefahrenstelle daraus erschlossen werden kann.**

Andere Tonnen wie z. B. Fahrwassertonnen können auch folgende Kennungen haben. (Die Dunkelphase ist in der Zeichnung jeweils schwarz dargestellt):

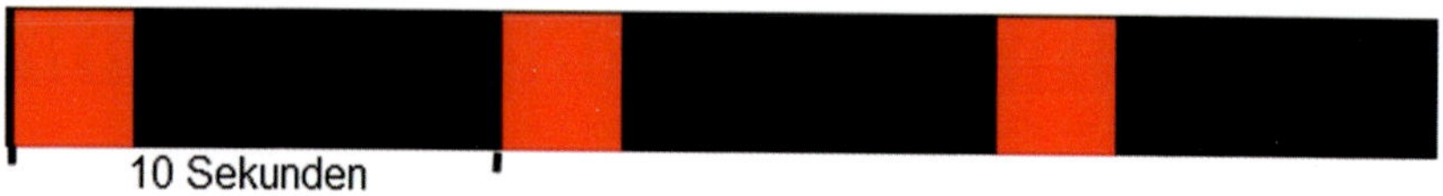


- **Lange Blitze** (Flash, **Fl**) hier: Fl. 10 s

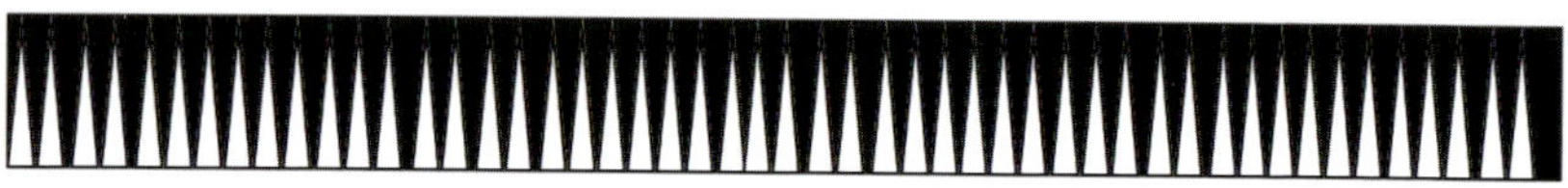

- **Sehr schnelle Blitze**, bzw. Funkelfeuer (Very Quick, **VQ**)

- **Unterbrochenes Feuer** (Occultation, **OC**) hier OC 12 s. Bei einem unterbrochenen Feuer dauert – im Gegensatz zu allen anderen Feuern – die Dunkelphase länger als die Lichtphase. Periode z. B. 12 s

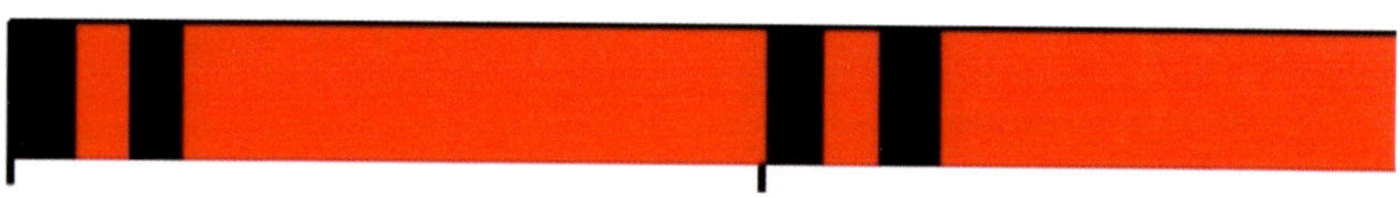

- Unterbrochenes Feuer mit Gruppen, hier OC(2)) 14s mit 2 Verdunklungen. Periode z. B. 14 s

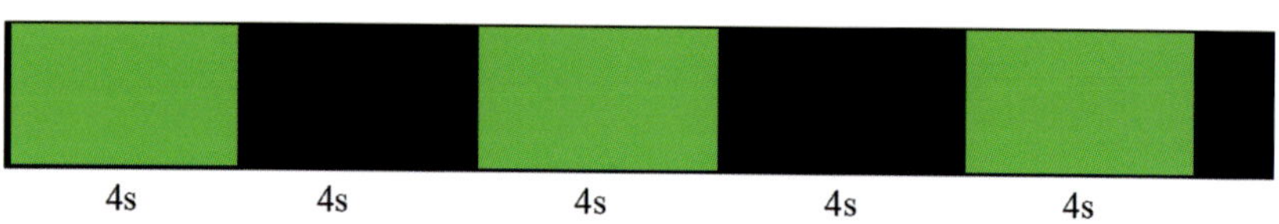


- Gleichtaktfeuer (ISO): Dauer der Dunkelphase = Dauer der Lichtphase. ISO grün mit einer Periode von 4 Sekunden

Zugegeben: In der Praxis segeln wir überwiegend nach GPS. Zweifellos bringt die Wegpunktnavigation mit GPS gerade in schwierigen Ansteuerungen eine unschätzbare Hilfe. Markante Wegpunkte werden als Route gespeichert. Aber dennoch, auch mit GPS sollte jeder Skipper während seines Törns die Kennungen der wichtigsten Tonnen und Leuchtfeuer entweder im Leuchtfeuerverzeichnis besonders markiert, oder sogar auf einem „Mogelzettel" am Kartentisch aufgeschrieben haben, es sei denn es steht alles in der Seekarte.

Das gleiche gilt für die Zeiten von Hoch- und Niedrigwasser und auch die Sendezeiten der Wetterberichte.

Auch feststehende Leuchtfeuer wie Feuer auf Baken oder Leuchttürme können die oben genannten Kennungen haben. Große Leuchttürme mit einer Tragweite von über 20 Meilen haben in der Regel einen, zwei oder drei weiße Blitze, denn weiß ist am weitesten zu sehen.

Um eine eindeutige Identifikation der Feuer zu erreichen, wird aber nicht nur die Folge von Lichtblitzen oder Verdunklungen festgelegt, sondern darüber hinaus auch die so genannte **Periode** (auch Wiederkehr genannt). Dies ist die Zeitspanne des einmaligen Durchlaufs aller kennzeichnenden Blitze oder Verdunklungen einschließlich der Dunkelphase vor dem Wiederbeginn der Lichterscheinung. Sie wird in Sekunden angegeben.

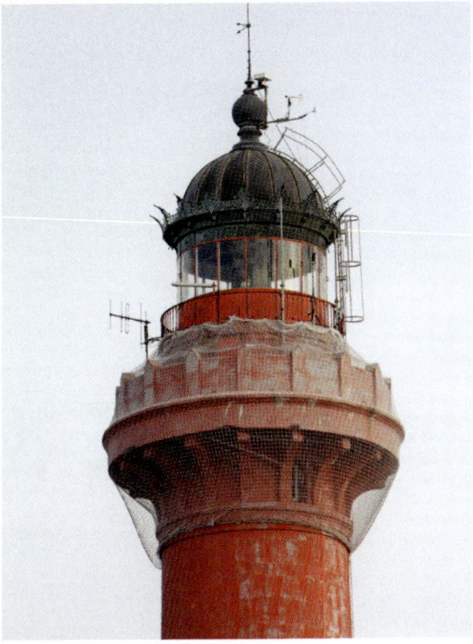

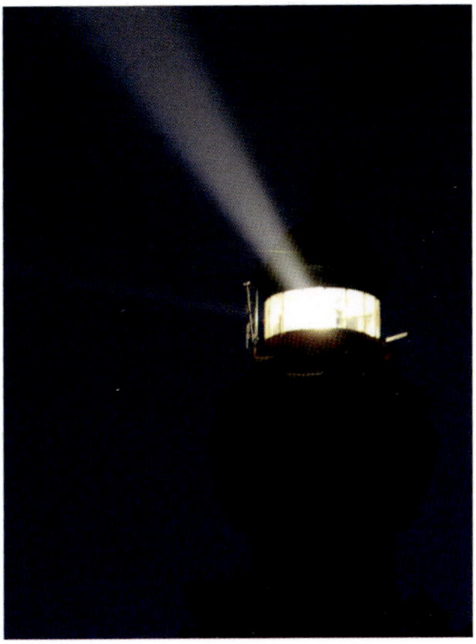

Befeuerung von Leuchttürmen

**Beispiel:** Ein Leuchtturm sendet 3 Blitze aus im Abstand von jeweils 2 Sekunden. Danach kommt eine Dunkelphase von 10 Sekunden.

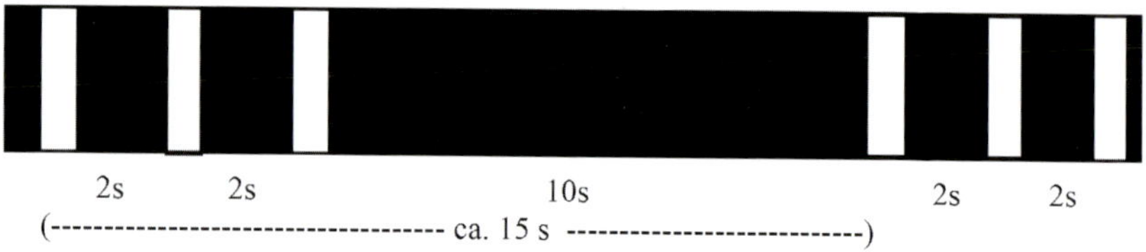


Vernachlässigt man die Dauer des Blitzes, so würde die Periode 14 Sekunden betragen. Da in der Realität aber auch die Blitzdauer mitgerechnet wird, beträgt die Periode tatsächlich etwas mehr. Im Beispiel vielleicht etwa 15 Sekunden.

Vor Südwest-Irland liegt einer der berühmt-berüchtigsten Leuchttürme der Welt:

**Fastnet Rock Karteneintragung**: Fl. 5 s 27 M 49 m

Die Abkürzungen besagen, dass das Leuchtfeuer Fastnet Rock mit einer Periode von 5 Sekunden jeweils einen einzelnen Blitz über das Meer schickt, der bei normaler Sicht, also durchschnittlicher Luftfeuchtigkeit, etwa 27 Seemeilen weit gesehen wird. Die Lampe befindet sich in einer Höhe von 49 Metern über dem Meeresspiegel bei mittlerem Springhochwasser.

Für Segelneulinge mag es überraschend erscheinen, aber die Navigation bei Nacht – auch wenn sie ihre Tücken hat – ist im Hinblick auf die Kursbestimmung oft leichter als am Tag. Bei normaler Sicht sind nachts die Ansteuerungen von Inseln und Häfen dank der Befeuerung durch Leuchttürme und Tonnen auf größere Entfernung oft besser auszuma-

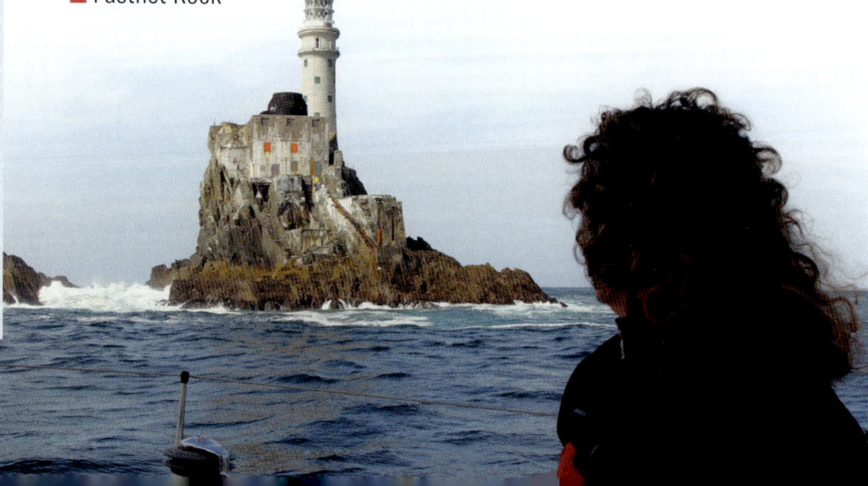

■ Fastnet Rock

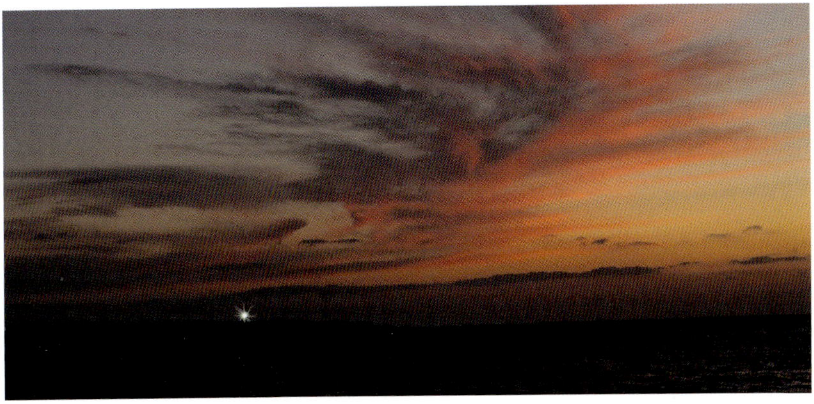

Leuchtfeuer in der Dämmerung, bzw. bei Nacht

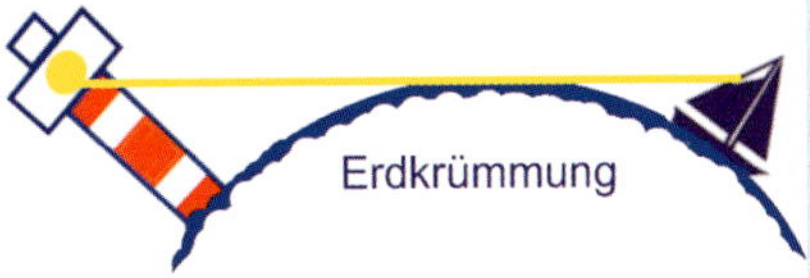


chen als am Tage. Vorausgesetzt, dass es keine störende Hintergrundbeleuchtung gibt.

Die großen Leuchtfeuer an der Küste haben eine Tragweite zwischen 20 und 30 Meilen und sind aufgrund ihrer Höhe eher zu sehen als die Küste selbst. Bei guter Sicht ist es auch aus geringer Augeshöhe (Bemerkung: Dies ist ein Fachbegriff aus der Astronavigation) häufig möglich, ein Leuchtfeuer von 25 sm Tragweite schon auf 30 sm und mehr am diffusen Widerschein des sich drehenden Lichtes unter der Wolkendecke zu erkennen.

In Zeiten des GPS werden traditionelle Navigationsmethoden wie die Abstandsbestimmung zur Küste z. B. durch **Feuer in der Kimm** immer mehr vernachlässigt. Aber macht es nicht einfach Spaß, durch eine kleine eigene Rechnung zu zeigen, dass man auch ohne Elektronik einen brauchbaren Landfall machen kann? Schließlich segeln wir doch zum Spaß …

Zur Erinnerung: Aufgrund der Erdkrümmung lassen sich Leuchtfeuer erst ab einem gewissen Minimalabstand hinter dem Horizont erkennen.

Der Abstand D zwischen einem Schiff mit einer Augeshöhe des Navigators von hn und einem Leuchtfeuer mit einer Feuerhöhe **hf** berechnet sich über die folgende Formel:

$$D = 2{,}1 \times (\sqrt{h_n} + \sqrt{h_f})$$

Die Höhen von **hn** und **hf** werden dabei in Metern und die Distanz **D** in Seemeilen gemessen. Die Feuerhöhe **hf** (Karteneintragung) ist auf das Meeresniveau des mittleren Spring-Hochwassers bezogen.

**Beispielrechnung:**
Wir segeln von Land's End nach Irland und sehen nachts gegen 4.00 endlich das ersehnte Feuer vom Fastnet-Rock knapp über dem Horizont. In der Plicht sitzend befinden sich unsere Augen auf 2 Meter Höhe über dem Meeresspiegel. Nach Seekartenangabe hat das Leuchtfeuer eine Höhe von 49 Metern.

Folglich berechnet sich unser Abstand zum Leuchtturm folgendermaßen:

D (in sm) = 2,1 × (Wurzel aus 49 + Wurzel aus 2) = 17,7 sm.

Der Einfachheit halber haben wir den Stand der Tide vernachlässigt, was aber in der Praxis vertretbar ist, da ohnehin das erstmalige Erscheinen des Feuers am Horizont zeitlich nicht exakt bestimmt werden kann und somit etwa 10 % Messfehler normal sind.

Allerdings kann die Identifizierung von Leuchtfeuern und befeuerten Tonnen bei höherer Dünung schwierig werden. Durch das Anheben und Absenken des eigenen Schiffes in der Dünung ist nicht immer gewährleistet, dass alle Lichtblitze gesehen werden. Insbesondere bei Tonnen ist diese Gefahr besonders groß, da sie sich ja ebenfalls in der Dünung auf- und abwärts bewegen. Schnell wird eine falsche Kennung ausgezählt. Darum lieber doppelt und dreifach kontrollieren!

## Begegnung mit anderen Fahrzeugen bei Nacht

Seit zwei Tagen liegen wir fest im Hafen von Helgoland, eingeweht bei Starkwind aus SW. Norderney, unser nächstes Ziel zum Crewwechsel liegt natürlich genau in Windrichtung, Murphy's Law … Am dritten Tag endlich – unser Zeitdruck nimmt zu – verspricht der Wetterbericht vorübergehend für etwa 12 Stunden Rückseitenwetter mit mittleren, allerdings böigen Winden aus NW bis N, bevor das neue, nächste Tief anmarschiert. Im Prinzip eine für uns recht günstige Entwicklung mit geplantem Kurs von 225°. Aber es gibt zwei Pferdefüße: Der erste ist die angesagte Zeitspanne von nur 12 Stunden, denn die Wetterbesserung ist für den Abend und die kommende Nacht angesagt. Der zweite ist das Verkehrstrennungsgebiet, das wir auf dem Weg nach Norderney queren müssen. Und zwar möglichst rechtwinklig, so wie es die KVR (Int. Kollisionsverhütungsregeln) vorschreiben. Immerhin wird wenigstens der Tidenstrom für die zweite Hälfte der Überfahrt in den Wattenfahrwassern bei Norderney für uns günstig sein, heißt: nicht gegen den Wind.

Hier ist Wachsamkeit gefordert!

Wir entscheiden uns, nach dem Abendessen auszulaufen. Um das Verkehrstrennungsgebiet tatsächlich annähernd rechtwinklig queren zu können, müssen wir anfangs etwa 25 Seemeilen am Wind nach WSW steuern. Dann, gute 20 Meilen nördlich von Helgoland – inzwischen ist es weit nach Mitternacht – können wir endlich abfallen, denn es geht auf Südkurs, hinein in den Dampfertrack.

Die Sicht ist nicht allzu schlecht, geschätzt 3 – 4 Meilen, und so sieht man die stählernen Pötte früh genug, um eine gefährliche Annäherung zu vermeiden … meinen wir.

Mehrere Paare von weißen Toplaternen sind klar auszumachen, eines etwa eine Meile direkt vor uns, weitere dahinter. Und auch am milchigen Horizont im Osten wühlen sich einige Stahlriesen durch die braune Nordseesuppe nach Westen.

Der Wind dreht erstaunlicherweise, früher als angekündigt, langsam zurück auf West. Kein Problem, halber Wind, aber auch die Sicht verschlechtert sich. Offenbar hat Poseidon das neue Tief einige Stunden früher losgeschickt als von uns bestellt. Inzwischen sind wir mitten in der Nordschiene des Tracks der Großschifffahrt und haben es geschafft, das Heck eines Monsters in gebührendem Abstand zu passieren. Seine Hecklaterne verschwindet langsam im Westen. Die vier Positionslaternen des Nachfolgers, zwei weiße Toplaternen und jeweils rot und grün schräg darunter, sind weit genug entfernt. Die Hälfte der Problemzone haben wir also hinter uns, aber was uns da sieben Meilen weiter im Süden erwartet, erzeugt ein flaues Gefühl im Magen, denn die Sicht verschlechtert sich weiter. Nach einer guten Stunde absoluter Dunkelheit ohne jede Schiffsbegegnung hören wir dumpf dröhnend einmal Lang aus einem Nebelhorn. Die Sicht beträgt inzwischen deutlich weniger als eine

Seemeile. Dass unser Radar mitläuft, versteht sich, und so ist das Achtungssignal keine Überraschung. Der wandernde, langgezogene, dunkle Fleck war uns früh genug auf dem Bildschirm aufgefallen. Doch keine Positionslaternen sind auszumachen. Die Sicht ist einfach zu schlecht. Wieder dröhnt das Nebelhorn; diesmal deutlich lauter als vor wenigen Minuten. Nach steuerbord wenden! Und weiter abfallen! Zurück auf Kurs Nord! Bloß nicht vor seinen Bug laufen … Vorsichtshalber wird der Motor gestartet. Nur schemenhaft erkennbar zeigt der Koloss uns wenige Minuten später seine grüne Steuerbordlaterne, die vielleicht 20 Bootslängen vor uns durchzieht.

Wir hatten ganz klar seine Geschwindigkeit unterschätzt. Ein Fehler, der nachts leicht gemacht wird. Das Radar und das AIS hätten die notwendigen Informationen grob geben können, aber wir haben uns zu sehr auf unsere Sinne verlassen. Das soll uns nicht noch einmal passieren! Mittels Radar messen wir nun genauer als zuvor die Entfernungen zu den anderen in West-Ost-Richtung fahrenden Frachtern, deren Lichter wir einfach nicht früh genug ausmachen können. Der Nächste ist noch etwa zwei Meilen entfernt. Bei angenommenen 15 Knoten Fahrt wird er in etwa 8 Minuten in unserer unmittelbaren Nähe sein. Wir schaffen in 8 Minuten mit zusätzlich laufender Maschine etwa eine Meile. Das sollte reichen, um schnell genug sicher vor seinem Bug durchzukommen. Gas!

Das Auffinden der Ansteuerungstonne von *Dovetief* vor Norderney war dank GPS kein Kunststück, aber dennoch … welche Erleichterung, ihr Licht endlich aus der dunklen Suppe herausblinken zu sehen.

Bei normaler Sicht sind die Positionslaternen anderer Fahrzeuge auf viele Seemeilen gut auszumachen. Am schlechtesten sieht man die Dreifarbenlaterne von Seglern, häufig erst bei weniger als einer Meile Abstand. Hingegen sieht man Fähren und große Fischer bei guter Sicht auf bis zu 10 Seemeilen Abstand.

Unerfahrene Segler haben oft Schwierigkeiten, den Kurs des anderen Schiffes richtig zu beurteilen. Im Prinzip ist dies zwar recht einfach über die Farben der gesehenen Positionslaternen machbar, doch braucht man ein wenig Übung.

Falls ein **AIS**-Empfänger an Bord ist, so lassen sich die Kurse und Geschwindigkeiten der Fahrzeuge in der Umgebung recht schnell bestimmen. Jedes AIS-Gerät kann neben der Kartendarstellung auch eine Liste der Fahrzeuge mit ihrer Fahrt und ihrem Kurs in Textform anzeigen. Sollte ein Kollisionsrisiko bestehen, so wird ein einstellbarer Alarm ausgelöst. Einstellbar sind dabei die Minimalentfernung und die Minimalzeit bei Annäherung (Closest Point of Approach und Time to Closest Point of Approach). Insbesondere beim Queren von Verkehrstrennungsgebieten ist dies eine wertvolle Hilfe. Doch immer daran denken, dass es auch Fahrzeuge gibt, die kein AIS-Signal senden!

Untenstehende Zeichnungen zeigen Beispiele für die Lichterführung auf Schiffen.

Dass der Leser die Ausweichregeln der KVR kennt, setzen wir hier voraus, denn es gehört zum Basiswissen. Man sollte allerdings keineswegs grundsätzlich davon ausgehen, dass auch der mögliche Kollisionsgegner diese Regeln kennt, bzw. respektiert. Insbesondere unter Fischern gibt es in manchen Ländern einige, die – auch ohne ein Netz zu schleppen – 24 Stunden am Tag grün über weiß leuchten lassen. Und das Stundenglas, das tagsüber darauf hinweisen soll, dass sie beim Fischen sind, ist bei einigen aus Stahl am Mast fest angeschweißt. Auch der umgekehrte Fall ist nicht selten: Es wird bei Nacht zwar gefischt, aber die grüne Laterne über der weißen ist nicht zu sehen …. Kommentar überflüssig.

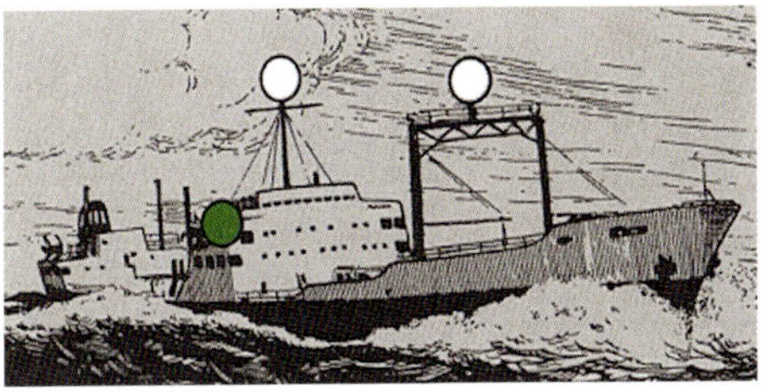

Maschinenfahrzeug größer als 50 Meter von steuerbord gesehen.

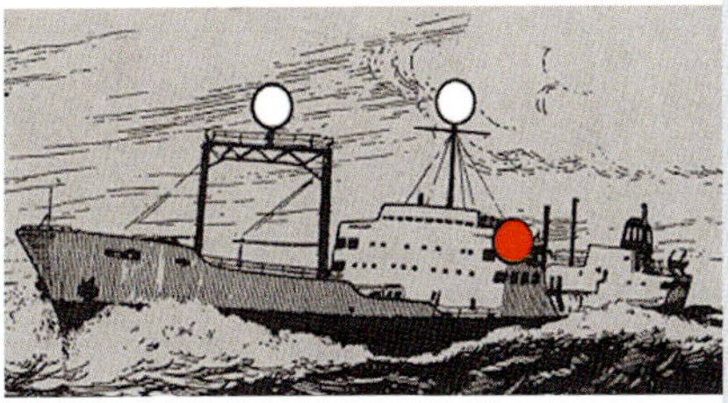

Maschinenfahrzeug größer als 50 Meter von backbord gesehen.

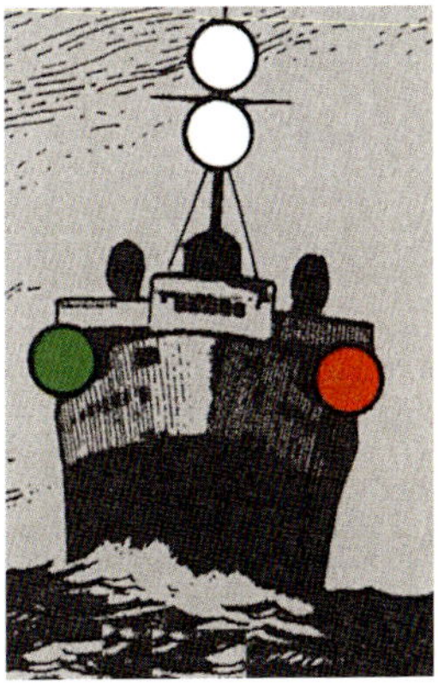

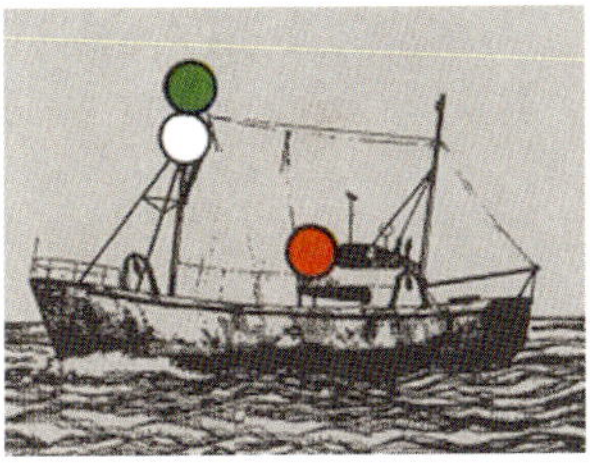

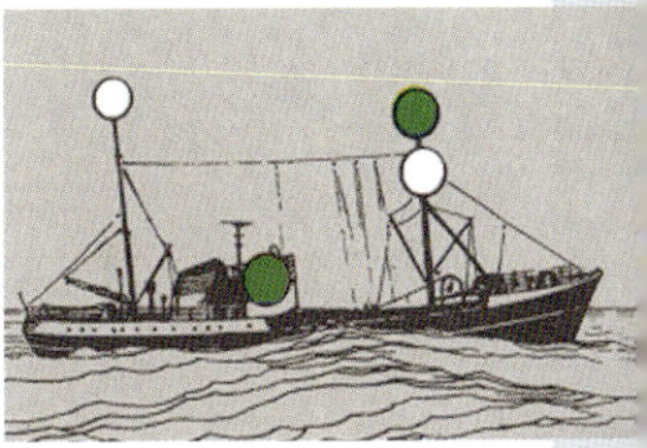

Fischer kleiner als 50 Meter von backbord. Fischer, größer als 50 Meter von steuerbord.

Maschinenfahrzeug, größer als 50 Meter (z. B. Frachter) direkt von vorn gesehen.

Diese Erfahrungen mit einigen Fischern müssen leider verallgemeinert werden: Der Seefahrer sollte grundsätzlich nicht davon ausgehen, dass die anderen Schiffe auf See – egal welchen Typs – immer die für Ihre Kategorie vorgeschriebenen Lichter fahren. Zwar setzt die überwiegende Mehrzahl der Fahrzeuge auf See bei Nacht die vorgeschriebenen Laternen, aber es gibt auch viel Nachlässigkeit und Defekte.

Aber auch unter den Seglern gibt es durchaus einige schwarze Schafe im Hinblick auf falsche oder nicht vorhandene Beleuchtung. Recht häufig, insbesondere in den Ansteuerungsbereichen von Häfen sieht man Segelyachten, die bereits alle Segel geborgen haben und unter Maschine auf den Hafen zuhalten, dabei aber als einzige Laterne ihre Dreifarbenlampe im Masttop fahren. Die Situation wird dann gefährlich, wenn diese an Deck nicht beleuchtete Yacht z. B. bei starkem Regen im Ansteuerungsbereich eines Hafens fährt und von anderen, auch manövrierenden Schiffen einfach nicht gesehen wird. Die Dreifarbenlaterne in großer Höhe im Masttop wird schlicht übersehen, weil zu hoch oben. Positionslichter im Bug und im Heck sind hier eindeutig zu bevorzugen.

Auch kommt es – in letzter Zeit dank LED-Technik glücklicherweise immer seltener – vor, dass auf See aus Gründen der Stromersparnis auf einem Segelboot einfach keine Positionsbeleuchtung angeschaltet wird, weil man ja „weit genug draußen auf See ist und hier sowieso niemand anders segelt“. Manche Einhandsegler haben lediglich einen weißen Stroboskop-Blitz im Masttop.

Sollte der geringste Zweifel daran bestehen, dass ein anderes Fahrzeug in der Nähe des eigenen Schiffes gefahrlos passieren kann, so sollte man als Segler mit einem starken Handscheinwerfer in die Segel leuchten, um dem anderen klarzumachen, dass das eigene Schiff ein Segelfahrzeug ist. Eventuell ist auch ein kurzes direktes Anleuchten der Brücke des anderen Schiffes angebracht, um Aufmerksamkeit zu erregen.

Doch auch wenn das eigene Schiff als Segler Wegerecht hat, so nützt dies wenig, wenn der andere dies nicht respektiert. Im Zweifel sollte man lieber früh genug abfallen oder anluven und auf das Wegerecht verzichten. Dies allerdings dann mit einer eindeutig erkennbaren Kursänderung.

Auch Schallsignale wären denkbar (einmal lang = Achtung), doch werden diese auf großen Fischereifahrzeugen und anderen Schiffen mit geschlossener Brücke meist nicht gehört. Ohnehin muss leider darauf hingewiesen werden, dass auch bei Nebel Schallsignale heutzutage selbst von Berufsfahrzeugen kaum noch abgegeben werden.

## Lichterführung von verschiedenen maschinengetriebenen Fahrzeugen auf See im Überblick

Der Vollständigkeit halber und als Erinnerung an die Segelausbildung des Lesers folgt eine Übersicht der kennzeichnenden Beleuchtung der wichtigsten See-Fahrzeuge:

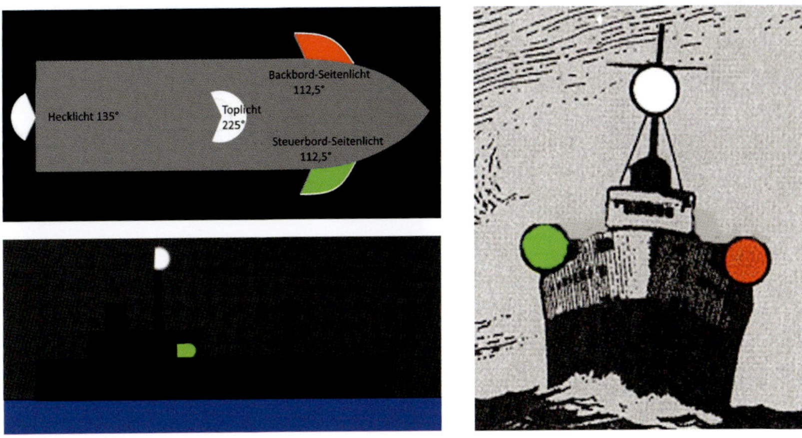


■ Maschinenfahrzeug kürzer als 50 Meter in Fahrt, A von oben, B von steuerbord, C von vorne gesehen:

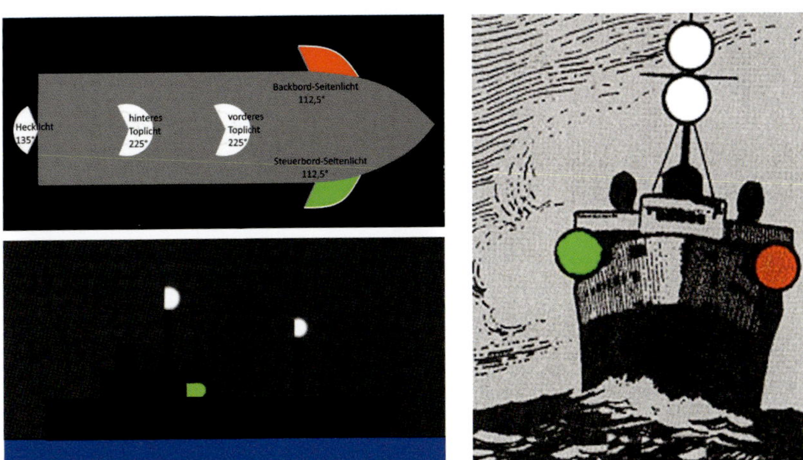


■ Maschinenfahrzeug länger als 50 Meter in Fahrt, A von oben, B von steuerbord, C von vorne gesehen.

Manche Fahrzeuge sind durch eine Havarie (z. B. Ruderschaden) nicht mehr manövrierfähig. Ein solches **manövrierunfähiges Fahrzeug** zeigt nachts zusätzlich zur normalen Positionsbeleuchtung zwei rote Rundumlichter senkrecht übereinander.

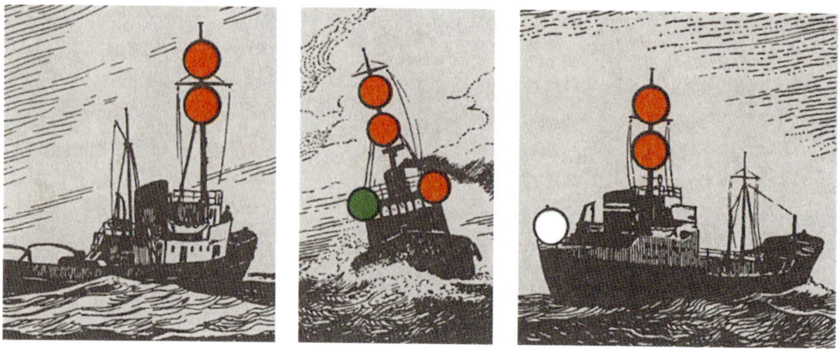

Links: ohne Fahrt durchs Wasser. Mitte: mit Fahrt durchs Wasser von vor. Rechts: mit Fahrt durchs Wasser von hinten.

### Manövrierunfähiges Fahrzeug

Es kommt vor, dass Fahrzeuge durch einen besonderen Einsatz auf See nicht mehr voll manövrierfähig sind, z. B. beim Verlegen von Kabeln, oder während einer Hilfeleistung gegenüber einem anderen Schiff. Diese **manövrierbehinderten Fahrzeuge** zeigen nachts zusätzlich zu ihren normalen Positionslaternen drei weitere Rundumlichter senkrecht übereinander mit den Farben rot – weiß – rot.

Zwei **manövrierbehinderte Maschinenfahrzeuge**, beide länger als 50 Meter, von vorne

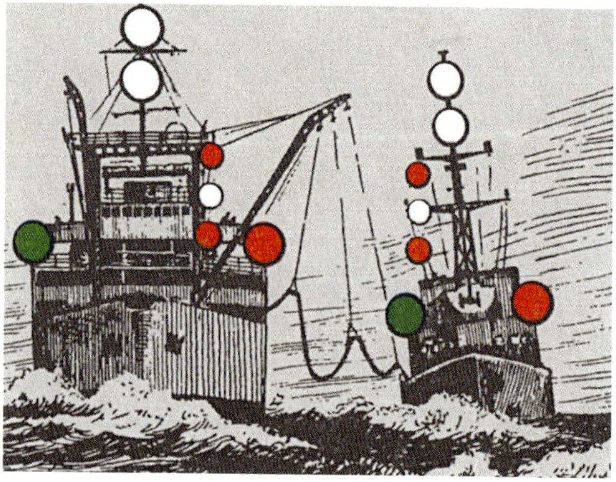

### Andere Fahrzeuge

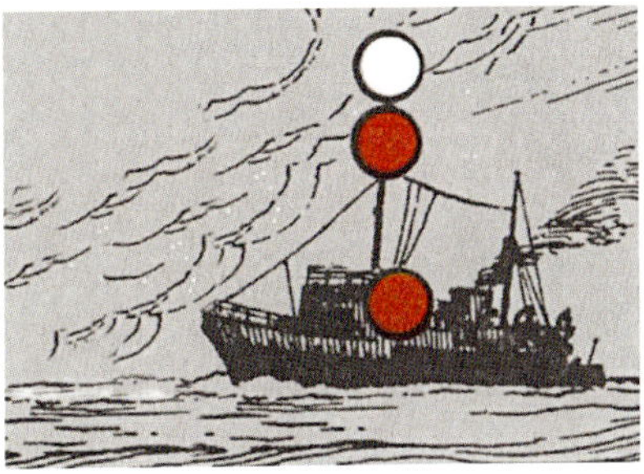

Lotse von backbord gesehen.

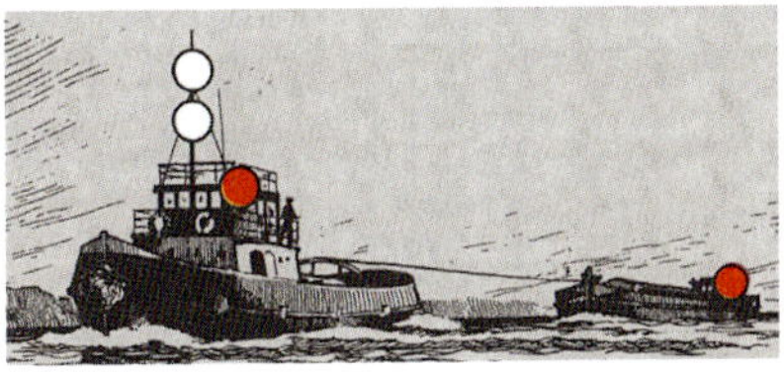

Schlepper mit Anhang kürzer als 200 Meter, von backbord gesehen.

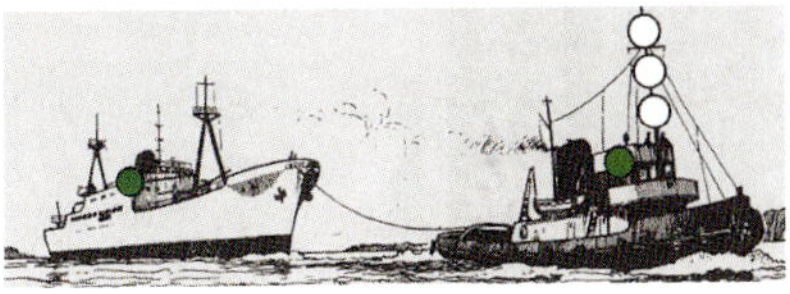

Schlepper mit Anhang länger als 200 Meter, von steuerbord gesehen.

### Fahrzeuge vor Anker

Ein Rätsel in der Dunkelheit: Es ist stockdunkle Nacht. Wir segeln etwa 20 Meilen vor der Festlandsküste, etwa 2 Seemeilen entfernt von einer unbewohnten Insel. Leichter Nieselregen verschlechtert die Sicht. Es sind keine anderen Fahrzeuge auszumachen, was aber bei dem Wetter nicht weiter verwunderlich ist, denn man sieht keine zwei Meilen weit. Schließlich lässt der Regen nach und ein einzelnes weißes Licht erscheint steuerbord voraus, das sich kaum bewegt. Was könnte das sein?

Die Antwort ist alles andere als eindeutig: Da wir keine Sicht zum Festland haben, kann es eigentlich nur ein Fahrzeug sein. Aber welche Art von Fahrzeug?

Es gibt zahlreiche Möglichkeiten, die aber nicht alle gleich wahrscheinlich sind:

a) die Hecklaterne eines Maschinenfahrzeugs, z. B. Fischer (ohne Netz), Frachter, Tanker, Zollboot …

b) die Hecklaterne eines Seglers

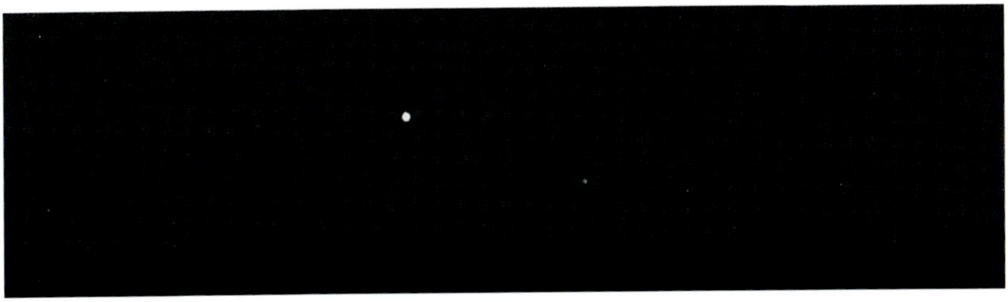

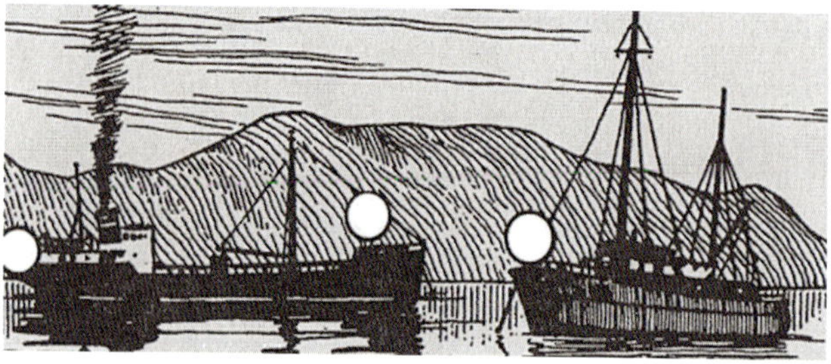

■ Links: Ankerlieger über 50 Meter Länge. Rechts: Ankerlieger unter 50 Meter Länge.

c) die weiße Rundumlaterne eines kleinen Fahrzeugs von weniger als 7 m Länge
d) das weiße Rundumlicht eines Ankerliegers
e) oder ist es vielleicht die Venus, die nun nach dem Regenschauer am Himmel so groß zu sehen ist?

Die Lösung des Rätsels ist nur durch längere Beobachtung zu finden. Falls es ein Fahrzeug in Fahrt ist (Frachter, Segler, Fischer ohne Netz…), also eine Hecklaterne, so wird es sich langsam bewegen, es sei denn wir fahren zufällig mit dem Fahrzeug auf gleichem Kurs direkt hinterher.

Falls es ein Ankerlieger ist, so wird das Licht in Inselnähe sein und langsam mit zunehmender Entfernung verschwinden.

Oder doch die Venus? Sie kann zwar vorübergehend am Himmel sehr flach über dem Horizont stehen, steigt aber dann doch langsam immer höher oder fällt ab.

Zur Beurteilung des Kurses eines möglichen Kollisionsgegners ist natürlich auch das **Radargerät** eine wertvolle Hilfe.

Man stellt den Peilstrahl (EBL) auf das betreffende Fahrzeug und kann nun deutlich sehen, ob es sich um eine **stehende Peilung** handelt oder nicht. In der Praxis überprüft man optisch, ob es sich um eine stehende Peilung handelt, gern grob durch das Blicken über eines der Wanten oder über eine Relingsstütze. Oder man nimmt den Handpeilkompass zu Hilfe. Das Radargerät ist allerdings mit Sicherheit die beste Hilfe zur Beurteilung der Situation.

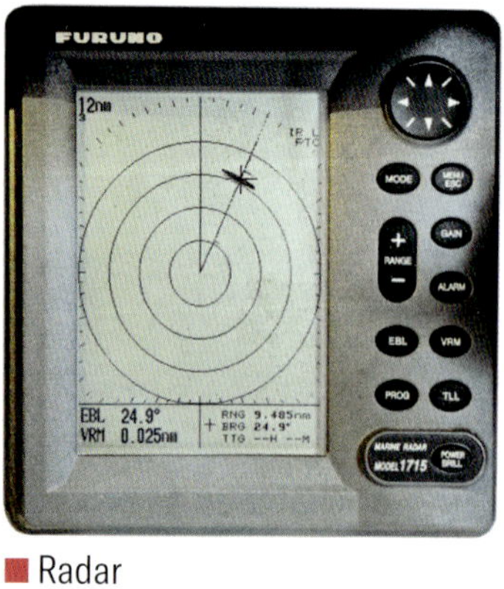


■ Radar

Auch bei nächtlichen Hafenansteuerungen sollte das Radar mitlaufen. So kann man gleich auch seinen Sinn für

Entfernungsschätzungen durch den Vergleich zwischen Radarmesswert und geschätzter Distanz etwas schärfen, denn gerade bei Nacht sind Entfernungsschätzungen oft überraschend falsch.

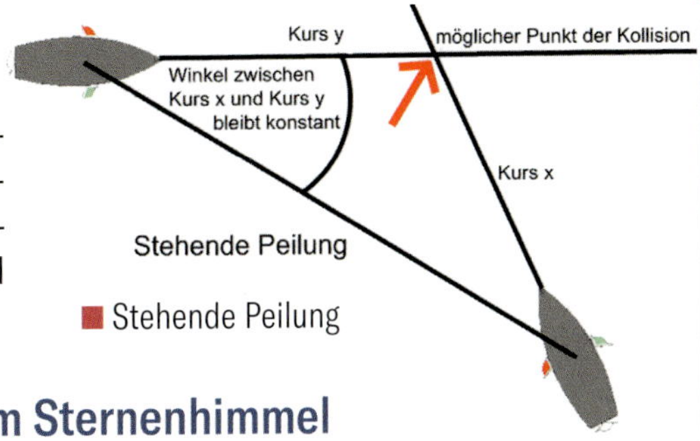


■ Stehende Peilung

## Ein wenig Navigation am Sternenhimmel

Seit der weltweiten Einführung des GPS-Systems gibt es rein technisch gesehen keinen Grund mehr, nach Sternen zu navigieren. Aber warum segeln wir eigentlich in der Freizeit? Ist das Fahrtensegeln nicht der Versuch, bewusst naturnäher als im täglichen Leben an Land, uns den Elementen auszusetzen und sie naturgegeben zu genießen? Gewinnt das Fahrtensegeln wirklich an Reiz durch immer weiter perfektionierte Elektronik an Bord? Wäre es nicht reizvoll, einmal eine Stunde lang zu versuchen, mittels des **Nordsterns** – auch **Polaris** genannt – den Kurs zu halten?

Es soll hier in diesem kleinen Buch keine Einführung in die astronomische Navigation gegeben werden. Aber wir wollen doch wenigstens einige Anregungen geben, sich mit dieser faszinierenden Materie etwas näher zu beschäftigen.

Dass Polaris die Nordrichtung angibt, weiß der Leser seit dem Kindesalter aus der Schule. Und auch wie Polaris gefunden wird, ist oder war den meisten zumindest einmal bekannt.

**Hier zur Erinnerung:** Zwei recht helle Sternbilder, deren Konstellation leicht einprägsam ist und die deshalb schnell gefunden werden, sind CASSIOPEIA und der GROSSE WAGEN. Sie helfen, den Nordstern zu finden, denn er liegt etwa in der Mitte zwischen diesen beiden Sternbildern.

Die beiden Sternbilder CASSIOPIEA und GROSSER WAGEN drehen sich simultan um den Nordstern POLARIS. Konstellationen mit dieser Eigenschaft nennt man auch Zirkumpolarsterne.

Sofern man den Großen Wagen gefunden hat, findet man auch Polaris über die 4-fache Verlängerung der Hinterachse (siehe Zeichnung S. 76).

Wie können wir nun Polaris navigatorisch nutzen?

Der Nordstern hat zwei für uns nutzbare Eigenschaften:
Er zeigt uns – abgesehen von kleinen Fehlern – a) die Nordrichtung und b) die geographische Breite, auf der wir uns befinden.

Zwar ist die Stellung der Erde im Weltall nicht fest, aber in für uns in

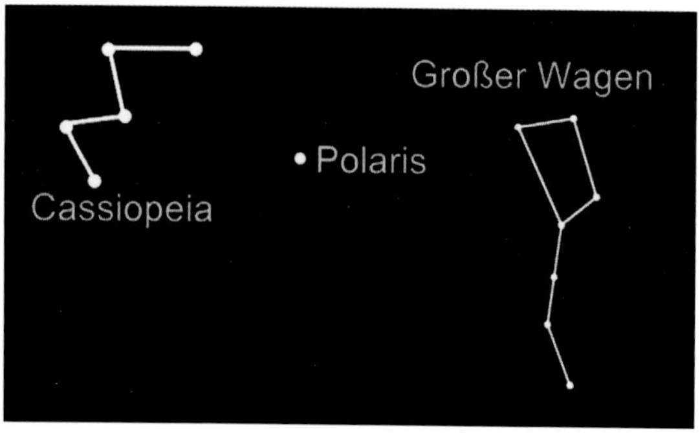


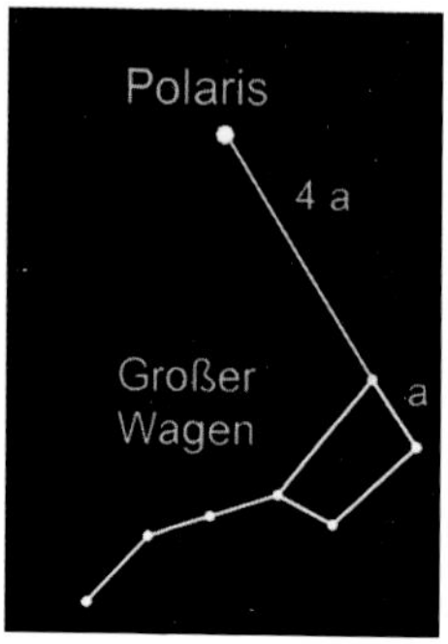


menschlich beobachtbaren Zeitspannen kann man vereinfachend sagen, dass in unserem kurzen Leben der Nordstern in der nördlichen Verlängerung der Rotationsachse der Erde steht. Dies ist allerdings rein zufällig so und wird in einigen Jahrtausenden aufgrund der langsamen Positionsveränderung nicht mehr so sein.

Fällt man nun das Lot von Polaris auf den Horizont, so findet der Rudergänger dort am Fußpunkt dieses Lotes am Horizont die Nordrichtung.

Allerdings stimmt dies nicht ganz genau. Aufgrund einiger Unregelmäßigkeiten in der Erddrehung (Präzession, Nutation) variiert die Stellung von Polaris relativ zur Erdachse jahreszeitlich abhängig um bis zu einem dreiviertel Grad (45 Bogenminuten). Für die Bestimmung der Nordrichtung in der Bordpraxis ist dies allerdings belanglos.

Nicht ganz so unwichtig ist dieser Fehler hingegen, wenn man die zweite Eigenschaft des Nordsterns nutzen will:

Mit einem Sextanten lässt sich der so genannte Höhenwinkel zwischen Polaris und dem Horizont messen. Vernachlässigt man die oben genannten Ungenauigkeiten, so ist dieser Höhenwinkel identisch mit der Breite, auf der sich unser Schiff gerade befindet. Ein Beispiel:

Wir befinden uns im Ärmelkanal in sternenklaren Nacht zwischen Frankreich und England. Das GPS gibt uns folgende Position:
Breite: 49° 32,9′ Nord und Länge: 004° 22,5′ West

Die See ist ruhig und so holt der Skipper zur Bekämpfung der Müdigkeit den Sextanten aus seinem Versteck (schließlich soll nicht jeder Neugierige nach Lust und Laune einfach den edlen Sextanten herausholen können.)

Nach kurzem Suchen ist Polaris identifiziert und auch der Horizont (eigentlich heißt er „Kimm" in der Astronavigation) ist klar auszumachen. Es werden die für den „Schuss" der Sonne notwendigen Filter weggeklappt, denn die Sterne blenden ja nicht. Schließlich wird der

Winkel zwischen unserem Nordstern und der „Kimm" durch Drehen der so genannten Alhydade gemessen.

Der abgelesene Wert beträgt 49° 12′. Das liegt zwar recht nahe am Wert der geographischen Breite, wie ihn das GPS angibt, ist aber doch nicht identisch. Der Differenzwert von etwa 11 Bogenminuten (49° 32,9′ minus 49° 12′ = 10,9′) umgerechnet in Seemeilen beträgt etwa 11 Seemeilen Fehler in der Position. Woher kommt die Differenz?

In der genauen astronomischen Rechnung (mittels weiterführender Angaben aus Korrekturtabellen des Nautischen Jahrbuchs) müssen Korrekturwerte angebracht werden, die jahreszeitlich abhängige Schwankungen in der Stellung der Erde zur Sonne und zu den anderen Gestirnen beschreiben. Auch die Lichtbrechung und natürlich die Präzision des Sextanten spielen eine Rolle.

Bei genauerer Untersuchung stellt man jedoch fest, dass in der Praxis der maximal mögliche Fehler zwischen mit Sextant gemessener Breite ohne Berücksichtigung der Korrekturwerte und GPS-Breite immer weniger als ein Grad ausmacht.

Nun ist ein Grad Fehler in der Breite identisch mit 60 Seemeilen Fehler in der Position und GPS-verwöhnte Navigatoren können dies kaum akzeptieren. Versucht man hingegen mit dieser Methode zum Beispiel von den Kanaren im Passat über den Atlantik in die Karibik zu segeln, so wird man vermutlich dennoch Martinique finden, vorausgesetzt man kennt die ungefähre geographische Breite seines Zieles zu Beginn der Reise. Die Insel hat etwa 40 Seemeilen Länge in Nord-Süd- Ausdehnung und ist etwa 1400 Meter hoch. Da es in der Karibik keinen Nebel gibt und die Sicht immer – außer bei Regen – mehr als 20 Seemeilen beträgt, muss es schon mit dem Teufel zugehen, wenn man an ihr vorbeisegeln würde, ohne sie zu sehen. Bereits Columbus hat sich dies zunutze gemacht, um auf seiner zweiten und dritten Reise seine auf der ersten Reise entdeckten Inseln wieder zu finden. Und er besaß kein Nautisches Jahrbuch, keine Korrekturtabellen.

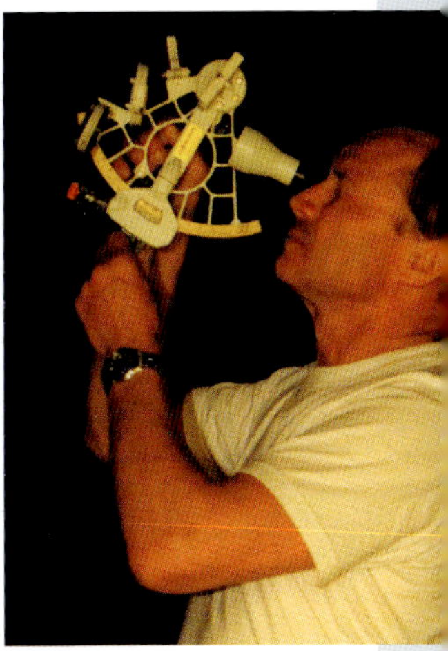

Sextant

Mit etwas größerem mathematischen Aufwand lässt sich über Winkel- und Zeitmessungen zum Mond, zu Planeten und zu einigen Fixsternen die Position des eigenen Schiffes auf etwa 2 bis 3 Seemeilen genau bestimmen. Aber das füllt ein anderes Buch …

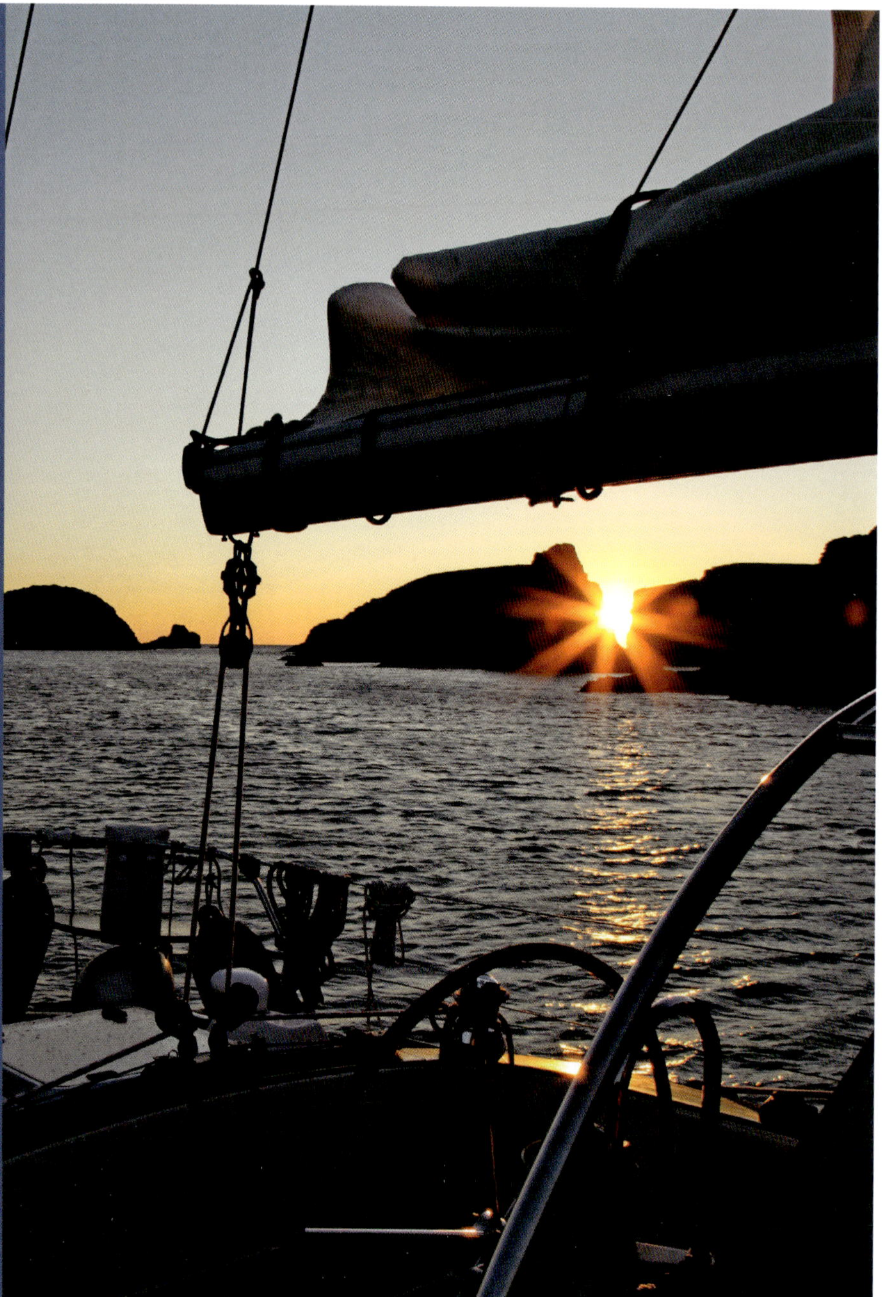

# 5. Skippers Vorbereitung auf die Nachtfahrt

Unsere Dolce Vita wurde auf Elba übernommen. Gute Übergabe durch den Vercharterer, alles klar. Die Inventarliste des Vercharterers wurde zwar etwas schnell durchgegangen, aber es scheint alles an Bord zu sein. Der Törnplan sieht vor, zuerst südwärts um Monte Christo herum zum Monte Argentario zu segeln und dann wieder nach Norden, zurück nach Elba. Unser Co-Skipper Hans braucht noch Seemeilen für seinen nächsten Segelschein …

Leider spielt das Wetter nicht mit. Für die nächsten zwei Tage ist sehr schwacher Wind aus Nordwest angesagt, 1 bis 2 Beaufort. Anschließend soll er in den weiteren drei bis fünf Tagen auf 6 bis 7 Beaufort zunehmen, rechtsdrehend auf Nord. Für den Schlag nach Süden bis zum Monte Argentario eigentlich nicht ungünstig, doch bei raumem Wind mit unserer relativ kleinen Segelfläche und einem schweren Schiff brauchen wir schon mindestens 2–3 Windstärken, um nicht motoren zu müssen. Crew und Skipper beraten die Lage:

Bei schwachem NW können wir nur gute Fahrt machen, wenn wir am Wind segeln und nicht vor dem Wind. Am Wind heißt aber Kurs Korsika und nicht nach Monte Christo. „OK, dann warum eigentlich nicht nach Korsika?" meint die Mannschaft. Bastia soll auch ganz nett sein, und von Portoferraio bis dorthin sind es auch nur etwa 45 Meilen. Ein Blick auf die Seekarte bestätigt, dass es an einem Tag gut zu schaffen ist. Am nächsten Morgen wird ausgeschlafen und haben ausgebiebig gefrühstückt: So laufen wir erst am späten Vormittag aus, Kurs West. Der schwache Nordwestwind bringt das Schiff gerade mal auf 3 Knoten. Nachmittags, nur etwa ein Drittel des Weges bis Bastia ist geschafft, schläft der Wind völlig ein. Motoren ist angesagt, denn wir möchten noch vor Sonnenuntergang den uns unbekannten Hafen erreichen. Die Maschine läuft noch keine Viertelstunde, da verwandelt sich das saubere Brummen in ein unregelmäßiges Husten und schließlich steht der Jockel still. „Das kriegen wir schon hin" beruhigt der Skipper, der nach eingehender Untersuchung der Lage die richtige Vermutung hat: „Dreck im Diesel…, verstopfter Dieselfilter!“ Es geht an die Arbeit! Oder besser gesagt auf die Suche. Denn um den Motor wieder in Gang zu bringen, brauchen wir einen neuen Filter. „Haben wir den überhaupt an Bord?“ fragt Hans besorgt?

„Klar doch… Der Filter steht auf der Ausrüstungsliste vom Vercharterer!“ Aber wo ist dieses selten gebrauchte, gute Stück versteckt? Kurzum, nach einer halben Stunde vergebenen Suchens in allen Staukästen ist klar: Ein Diesel-Reservefilter ist nicht an Bord! Was tun? „Dann reinigen wir eben den alten Filter!“ erklärt Skipper. Aber womit reinigen? Das Benzin für den Außenborder in einen Kochtopf gefüllt erscheint geeignet. Gesagt – getan. Nach mehr als einer Stunde des Rollens in der Flaute auf bleiern glänzender Wasseroberfläche läuft der Jockel wieder. Gott sei Dank! Zwar ist inzwischen die halbe Besatzung durch Benzingeruch und Rollerei seekrank geworden, aber immerhin, der Motor läuft. Nur leider nicht lange, denn das Provisorium ist nach kurzer Zeit wieder verstopft. Wieder wird gereinigt, wieder läuft der Motor eine Viertelstunde… das Ganze wiederholt sich zum dritten Mal als klar wird, dass wir es nie und nimmer bis Bastia vor Sonnenuntergang schaffen werden. Es sind noch über 25 Meilen bis Korsika, es ist bereits 21 Uhr und die Götter

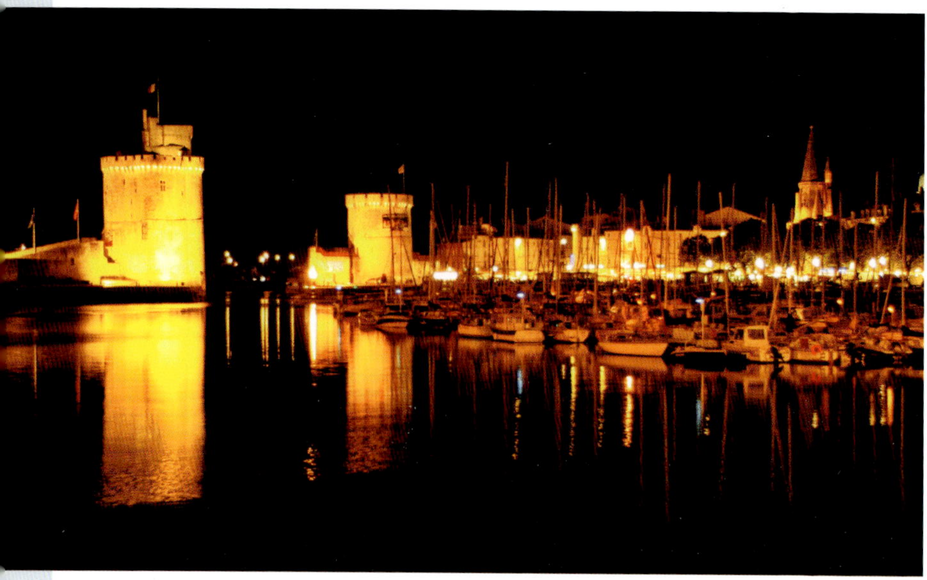

La Rochelle bei Nacht.

der See sind uns nach wie vor ungnädig. Es hilft alles nichts … wir müssen dieses Spiel zu Ende spielen. Nach der fünften Filterreinigungsaktion kurz vor Mitternacht – inzwischen sind wir Filterwechselprofis – hat Eolius endlich Erbarmen mit uns und schickt eine leichte Brise von Westen, natürlich auf die Nase. Wie auf den meisten Charterschiffen hat auch unsere *Dolce Vita* keine Verklickerbeleuchtung und der elektronische Windmesser ist dummerweise auch defekt. So fällt es dem Rudergänger in der Dunkelheit recht schwer, das Schiff präzise am Wind zu halten. Immerhin hält der Wind durch bis eine knappe Meile vor Bastia. Aber wo ist genau die Hafeneinfahrt? Und … ist die Marina überhaupt im Stadtzentrum, oder liegt sie, wie so oft, etwas außerhalb? Das Hafenhandbuch sollte Auskunft geben. Hafenhandbuch? Hafenhandbuch Korsika? Es ist wie mit dem Dieselfilter … haben wir nicht. Korsika war ja auch ursprünglich gar nicht auf unserem Törnplan. Es ist morgens früh um 4 Uhr. Zum Glück kein nennenswerter Schiffsverkehr, vor allem keine Fähre in Sicht. *Dolce Vita* irrt in der Dunkelheit erfolglos suchend durch jeden Winkel des großen Stadthafens. Unser Anruf an die Capitainerie über Kanal 16 bleibt unbeantwortet. Stattdessen meldet sich die korsische Küstenfunkstelle, von der wir in kaum verständlichem Englisch schließlich erfahren, dass sich die Marina eine halbe Meile südlich des Fährhafens befindet. Ufff!

Die Quintessenz: Bessere Vorbereitung im Hinblick auf Motorersatzteile und eine umfassendere Auswahl der nautischen Unterlagen hätte uns diesen Stress erspart.

Zuerst einmal muss sich natürlich der Skipper selbst fragen, ob er den Herausforderungen einer Nachtfahrt gewachsen ist. Seine Ausbildung und Erfahrung sollten so gut sein, dass er das Schiff und die Crew auch bei schlechter Sicht und im Extremfall auch ohne Sicht verantwortungsvoll führen kann. Doch jeder noch so erfahrene Skipper hat irgendwann einmal seinen ersten selbstverantwortlichen Nachttörn machen müssen. Wie bereitet er sich also selbst darauf vor?

Da der Skipper grundsätzlich in jeder Risikosituation zur Verfügung stehen muss, und er folglich möglicherweise selbst während der Nacht gar keinen Schlaf bekommt, muss er zuerst einmal bei Törnbeginn ausgeschlafen sein. Ob er sich selbst einer Wache zuordnet, oder wachfrei bleibt, hängt von der Größe und Belastbarkeit der Crew ab. Näheres dazu im Kapitel „Wacheinteilung“.

Dass er nicht unter Alkoholeinfluss stehen sollte, versteht sich eigentlich von selbst, doch sieht die Realität manchmal anders aus. Es muss einmal gesagt werden: Zwar führen die meisten Profiskipper ihr Schiff kompetent und verantwortungsbewusst, aber es gibt auch nicht wenige, deren Alkoholkonsum auch auf See über das akzeptable Maß hinausgeht.

Angesichts der Verantwortung für Mannschaft und Schiff sollte ein Skipper seinen Alkoholkonsum in vernünftigen Grenzen halten.

## Literatur, Seekarten, Laptop und Kartenplotter

Mehr noch als bei einem Törn bei Tageslicht, muss der Skipper sich mit allen möglicherweise in Frage kommenden Häfen und deren Ansteuerungen vertraut machen Im Nautik-Fachhandel gibt es heutzutage praktisch zu jedem Segelrevier die passenden Hafen- und Seehandbücher.

Immer mehr Skipper planen ihre Törns auf dem Computer mit Hilfe von Seekartensoftware. Dies ist besonders dann nützlich, wenn ein Laptop dafür benutzt wird, der dann auch an Bord zur Verfügung steht. Doch auch hier Vorsicht: Bei 25 Knoten Wind und mehr, Kurs hoch am Wind auf offener See gesegelt, ist ordentliche Navigation an einem mobilen Laptop wegen der groben Schiffsbewegungen nicht mehr möglich. Und selbst wenn das Gerät mit Gummibändern oder Klettband befestigt ist, macht es Mühe, die Tastatur zu bedienen. Die gute alte Seekarte hingegen erfüllt auch bei 8 Beaufort noch gut ihren Zweck! Apropos: Sind tatsächlich alle notwendigen Seekarten an Bord?

Insbesondere bei Nacht ist natürlich das Leuchtfeuerverzeichnis eine unabdingliche Grundlage. Der Skipper darf nicht lange im Buch herumblättern müssen, um die zu erwartende Tonne oder das nächste auszumachende Leuchtfeuer zu finden. Vorbereitende Lektüre und das Herausschreiben der wichtigsten Seezeichen mit ihren Kennungen sind eine große Hilfe.

Falls ausländische Unterlagen benutzt werden (z. B. Reed's Nautical Almanac), so muss der Skipper natürlich das Fachvokabular und auch die dazugehörigen Abkürzungen in der Fremdsprache kennen, d. h. vor dem Törn gelesen und gelernt haben. Im Buchhandel gibt es dazu spezielle Segler-Lexika.

Möglicherweise wird in einem Tidengewässer gesegelt. Barren in Flussmündungen erfordern die Berechnung des Zeitpunktes des frühesten oder spätesten Ein- oder Auslaufens. Vielleicht müssen Schleusenzeiten in Erfahrung gebracht werden. Zum Ankern muss möglicherweise die minimal akzeptable Kartentiefe bestimmt werden … Somit sind

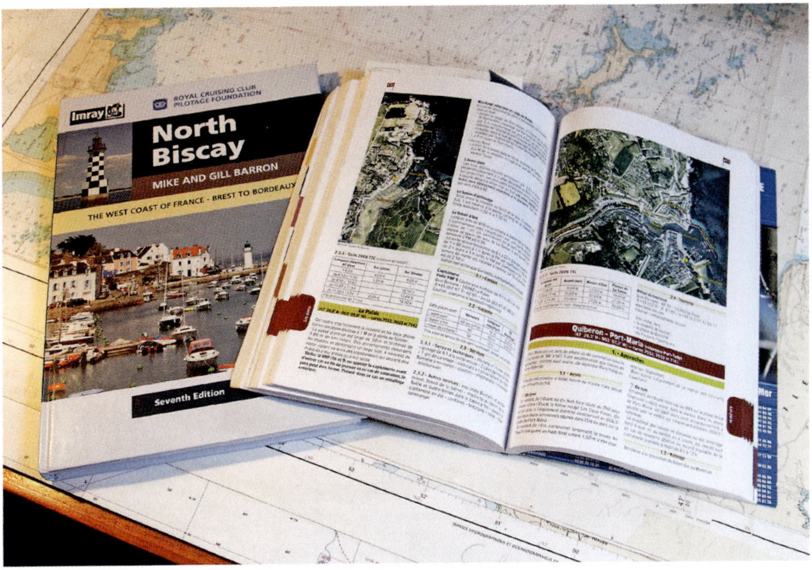


Hafenhandbücher

vorbereitende Gezeitenrechnungen sinnvoll. Es sei denn, der Skipper hat perfekte Ortskenntnisse und genügend Routine.

Zum Thema **Logbuchführung**: Juristisch gesehen ist dies ein etwas problematisches Thema, denn die Verpflichtungen hierzu hängen von der Landesflagge des Schiffes und der Nationalität des Skippers ab. Unter deutscher Flagge mit deutschem Skipper gilt das Schiffssicherheitsgesetzes vom 9. September 1998 (BGBl. I S. 2860). Es beinhaltet allerdings keine präzisen Aussagen hinsichtlich der Form und der Inhalte des Logbuches auf Freizeitschiffen. Vielmehr wird es dem Skipper überlassen, in welcher Weise er dafür Sorge trägt, dass im Falle eines See-Unfalls die Rahmenbedingungen rekonstruierbar sind. Weder Formulare noch konkrete Inhalte werden vorgeschrieben. Es ist unter deutscher Flagge juristisch nicht strafbar, kein Logbuch zu führen. Hingegen wird in o.g. Text sehr wohl betont, dass der Hergang eines juristisch relevanten Vorfalls nachvollziehbar sein muss und Aufzeichnungen in Seekarten oder andere Formen der Registrierung der Rahmenbedingungen im Schadensfall angefordert werden können. In der Schweiz und in Österreich herrschen strengere Regeln.

Praktisches Fazit für den Skipper: Wer gar nichts aufschreibt, steht im Schadensfall im Regen!

Es ist sinnvoll, zu Törnbeginn – in welcher Form auch immer – schriftlich folgendes festzuhalten: Schiffsname, Registrierung, Datum/Uhrzeit und Ort der Übernahme, Namen der Crew, Zustand des Schiffes, Törnplan. Ferner sollte schriftlich vermerkt sein, dass die Crew durch den Skipper in die Sicherheitsausrüstung und die Handhabung der wesentlichen technischen Geräte des Schiffes eingewiesen wurde.

Später, während des Törns ist es sinnvoll, täglich mit Datum die aktuelle Start-Position und den geplanten Tagesschlag am Morgen festzuhalten. Dazu die Wetterlage. Sofern durchgesegelt wird – und das ist ja besonders nachts von Interesse – sollte jede Stunde eine genaue GPS-Position, der Kurs und die Fahrt eingetragen werden. Kurse dürfen juristisch gesehen auch allein in der Seekarte eingetragen sein. Da aber ohnehin das Passieren von wichtigen Tonnen oder Leuchtfeuern festgehalten werden sollte, ist es auch sinnvoll, die Kurse und die Segelführung gleich mit in die Logbuch-Kladde einzutragen. Ferner gehören natürlich die Namen der jeweiligen Wachen dazu, sofern der Törn mit Wachwechsel gesegelt wird, was nachts normalerweise der Fall ist.

Kommt es zu einer Havarie, mit oder ohne Personenschaden, so sind alle relevanten Daten hierzu schriftlich festzuhalten, vergleichbar mit den Verpflichtungen bei einem Autounfall auf der Straße. Ob die nächste Küstenfunkstelle und damit die Wasserschutz-Polizei informiert wird, hängt vom konkreten Schadensfall ab und ist vom Skipper zu verantworten. Immer ist es ratsam, die Versicherung der Yacht zu informieren.

Die meisten Schiffe, auch Charteryachten, sind heutzutage mit einem Kartenplotter ausgerüstet. Juristisch gesehen, ist es inzwischen in einigen Ländern – wie z. B. Frankreich – zulässig, auf Papierkarten an Bord zu verzichten, sofern man über einen Kartenplotter verfügt. Ob dies vernünftig ist, sei dahingestellt, der Autor bezweifelt dies. Doch sofern ein Plotter an Bord ist, sollten für die Nachtfahrt die geplanten Kurse und markante Wegpunkte schon während des Tages eingegeben werden, um Fehler durch Konzentrationsmangel während der Nacht möglichst zu vermeiden. Bei Schlafmangel wird schnell eine Zahl falsch eingegeben. Und wenn dann der Autopilot an den Kartenplotter angeschlossen ist…

Insbesondere bei Charterseglern wird es immer beliebter, seine eigenen Seekarten und ein passendes Navigationsprogramm auf seinem Laptop mitzubringen. Sicherlich ist dies eine elegante Lösung, Ausrüstungslücken an Bord einer Charteryacht zu umgehen. Zu bedenken gilt es aber, dass wahrscheinlich nicht jedes nachts wachhabende Besatzungsmitglied damit sicher umgehen kann. Außerdem kann nicht oft genug betont werden, dass die meisten Seekartenprogramme wichtige Details wie Untiefen und Tonnen zwar im Prinzip anzeigen können, dies aber keineswegs auch immer tun. Bei der Wahl eines kleineren Darstellungsmaßstabs (Zoom) werden meist viele Details ausgeblendet, um die Lesbarkeit der elektronischen Seekarte auf dem relativ kleinen Bildschirm nicht zu sehr zu verschlechtern.

## Entscheidungen treffen

Die Entscheidung, ob nachts durchgesegelt wird – sofern man es sich denn aussuchen kann – sollte nicht allein vom Skipper getroffen werden. Nachts zu segeln ist anstrengender als am Tag. Die Crew sollte dafür motiviert und vorbereitet sein. Schließlich segeln wir in der Regel zum Spaß! Darum ist es wünschenswert, dass die Entscheidung gemeinsam nach einem Gespräch über die möglichen Schwierigkeiten getroffen wird. Eine Crew, die selbst mitentschieden hat, nachts durchzusegeln, wird motivierter und belastbarer sein als eine Crew, die lediglich der Entscheidung des Skippers folgt.

Darum sollte der Skipper alle Aspekte mit der Crew durchsprechen, die im Laufe der Nacht von Bedeutung sein werden: Wacheinteilung (s. u.), Ernährung (s. u.), Wetterentwicklung, Besegelung, zu erwartende Schifffahrt, Leuchtfeuer an Land und auf See, allgemeine Verhaltensregeln (s. u.) …

Bei aller Bereitschaft zum Gespräch mit der Crew muss aber am Ende doch betont werden, dass es schließlich der Skipper ist, der alle Entscheidungen zu verantworten hat. Im Falle eines Unfalls, einer Havarie, eines beliebigen Problems mit juristischen Folgen ist es immer der Skipper, der die Verantwortung trägt.

Nur bei einer Wetterlage, die die Crew nicht überlastet, sollte entschieden werden, auch nach Sonnenuntergang weiter zu segeln. Wo dazu im konkreten Fall die Grenze liegt, sollte im Gespräch mit der Crew geklärt werden.

Der Wetterbericht sollte im Logbuch eingetragen sein und Skipper und Crew müssen die Zeiten und Frequenzen bzw. UKW-Kanäle der nächsten Wetterberichte kennen.

Apropos Logbuch: Auch die Logbuchführung obliegt dem Skipper. Zwar werden während der Nachtwachen auch die wachhabenden Crewmitglieder dort Eintragungen machen müssen, aber der Skipper verantwortet diese!

Profiskipper haben genug Routine, um auf Checklisten zur Bootsausrüstung verzichten zu können, insbesondere wenn es ihr eigenes Schiff ist. Auf einer Charteryacht sieht dies anders aus. Der Charterskipper sollte eigens vorbereitete Checklisten haben, um die im Kapitel „Bootsvorbereitung" genannten Punkte prüfen zu können. Dazu im Folgenden eine Übersicht in Form von Checklisten:

### Allgemeines bei der Schiffsübernahme

- Bootspapiere wie Registrierung, Versicherung, Charterzulassung
- Einweisung in die Schiffstechnik: Motor, Pumpen, Ventile
- Bedienungsanleitungen der eingebauten Geräte an Bord?
- Segelbedienung, Leinenführung, Refftechnik
- Einweisung in die Sicherheitsausrüstung
- Inventarliste durchgehen und fehlendes ergänzen oder protokollieren
- Bereits vorhandene Schäden protokollieren, evtl. fotografieren
- Neuester Wetterbericht an Bord?
- Füllstand des Dieseltanks prüfen. Dieselverbrauch des Motors pro Stunde?
- Alle Bootsschlüssel mit Schwimmkörpern versehen?

### Sicherheitsausrüstung

- UKW-Sprechfunkgerät; Funktionsprüfung. DSC ?
- Mobiles UKW-Handfunkgerät vorhanden?
- Mann-über-Bord-Ausrüstung
- MOB-Taste am GPS
- Rettungswesten, Anzahl und Funktion prüfen, Reserve-Gaspatronen?
- Lifebelts für alle Crewmitglieder vorhanden?
- Seenotsignale wie Raketen, Handfackeln, Rauchdosen, dazu Handschuhe
- Rettungsinsel
- Notlampen, MOB-Blitzlampen, mobile Scheinwerfer
- Bilgepumpen, manuell und elektrisch
- Gas-Absperrvorrichtungen
- Verbandskasten
- Notpinne

➜

- Feuerlöscher, Feuerlöschdecke
- Nebelhorn
- Notruder

## Rigg und Segel

- Welche Refftechnik ist an Bord?
- Zustand der Segel
- Zustand des laufenden Gutes
- Zustand des Riggs, speziell Wantenzustand an den Pressungen der Terminals
- Blöcke und Umlenkungen leichtgängig?
- Welche zusätzlichen Starkwindsegel sind an Bord?
- Bolzenschneider und Sägen an Bord?
- Schäkel, Bolzen, Splinte in Reserve?
- Bootsmannsstuhl vorhanden?

## Elektrik allgemein

- Wo sind die Batterien eingebaut?
- Wo sind die Batterie-Hauptschalter?
- Gibt es getrennte Stromkreise? Welche Trenntechnik? Manuell oder automatisch?
- Erklärung der Funktionen des gesamten Elektro-Schaltkastens
- Gibt es andere, versteckte Sicherungen außerhalb des Schaltkastens?
- Wie wird der Landstrom angeschlossen und wo auf Funktion geprüft?
- Funktion des Autopiloten
- Funktionsprüfung aller Positionslaternen
- Funktionsprüfung aller anderen Lampen, Kompassbeleuchtung, Instrumentenbeleuchtung, Innenbeleuchtung, Decksstrahler, Ankerlaterne, mobile Scheinwerfer
- Heizung und Kühlschrank

## Navigation

- Funktionsprüfung: Kompass, GPS, Radar, AIS, Logge, Echolot, Windmessanlage, Positionslaternen, Ankerlaterne, Fernglas, Handpeilkompass
- bei Stahlschiff: Deviationstabelle vorhanden?

→

- Auf welches Niveau ist das Echolot geeicht?
- Sind die Betriebsanleitungen aller Navigationsgeräte an Bord?
- Seekarten vollständig an Bord, auch für den Fall ungeplanter
- Plan B? Mögliche Törnplanänderungen?
- Seehandbücher und Hafenführer für den Törn/Törnalternativen an Bord?
- In Tidengewässern: Gezeitentabelle und Strömungsatlas?

### Motor

- Ölstand im Motor prüfen
- Ölstand im Getriebe prüfen
- Kühlwasserstand prüfen
- Dieselstand im Tank prüfen
- Keilriemenspannung prüfen
- Stopfbuchse bzw. Wellendichtung prüfen
- Seeventil für Kühlwasser öffnen
- Hauptschalter für Motorelektrik (Anlasser) auf ON
- Motor starten und Kühlwasseraustritt am Auspuff prüfen
- Sind alle wichtigen Motorersatzteile und Serviceteile sind an Bord: Ölfilter? Dieselfilter? Motoröl? Trichter? Getriebeöl? Werkzeugkiste? Impeller für Kühlwasserpumpe? Keilriemen?

### Decksausrüstung und sonstige Technik

- Funktionsprüfung der Ruderanlage
- Funktionsprüfung der Bilgepumpen
- Ersatzteile an Bord? Glühlampen, Ersatz-Winschkurbeln, Dinghy-Flickzeug …
- Beiboot, dazu Blasebalg und Riemen
- Außenborder, Benzinkanister, Benzin-Öl-Mischung?
- Badeleiter
- Lukenverschlüsse
- Fender
- Festmacheleinen
- Bootshaken
- Reserveleinen

➜

### Pantry

- Wo ist die Gasflasche?
- Wie ist die Gaszuführung gesichert?
- Funktion des Gasherdes
- Wasserversorgung, Druckwasser, Hand- oder Fußpumpen
- Gestaute Ausrüstung: Töpfe, Teller, Schüsseln, Besteck, Kleinteile
- Feuerlöschdecke und Feuerlöscher (Schaumlöscher für den Herd)

### Seeklar machen

- Trinkwassertank auffüllen
- evtl. Diesel bunkern
- Hafengebühren bezahlen
- Bilge entleeren, Saugkörbe auf Sauberkeit prüfen
- Landstromkabel abnehmen, Batteriefüllzustand prüfen
- neuesten Wetterbericht besorgen
- Seekarten und Handbücher bereitlegen, Kartentisch aufgeräumt
- evtl. Tidenstand berechnen
- unter Deck alles so stauen, dass auch bei starker Krängung nichts umfällt, herumfliegt, beschädigt wird…
- Toilettenventile schließen
- Einweisung der Crew in die folgenden Bereiche: Sicherheitsausrüstung, Segelbedienung, speziell das Reffen, Elektro-Schaltpanel, Motorbedienung
- Information der Crew über die Wetterlage
- Information der Crew über den voraussichtlichen Verlauf der Tagesetappe
- Aufgabenverteilung beim Ablegemanöver und Erklärung des geplanten Verlaufs

**Eine Bemerkung zu einem juristischen Aspekt:**

**Dürfen Sie überhaupt nachts segeln?**

Auf dem eigenen Schiff ist es Ihre eigene Entscheidung, ob Sie auf dem Hintergrund ihrer Ausbildung und Erfahrung und nach Prüfung der Eignung des Schiffes nach Sonnenuntergang weitersegeln.

Auf einem Charterboot hingegen sieht es grundsätzlich juristisch anders aus: Der Vercharterer hat das Recht, dem Charterkunden das Segeln bei Nacht zu verbieten. Und in vielen Fällen tut er es auch. Prüfen Sie darum vor Törnbeginn ihren Chartervertrag.

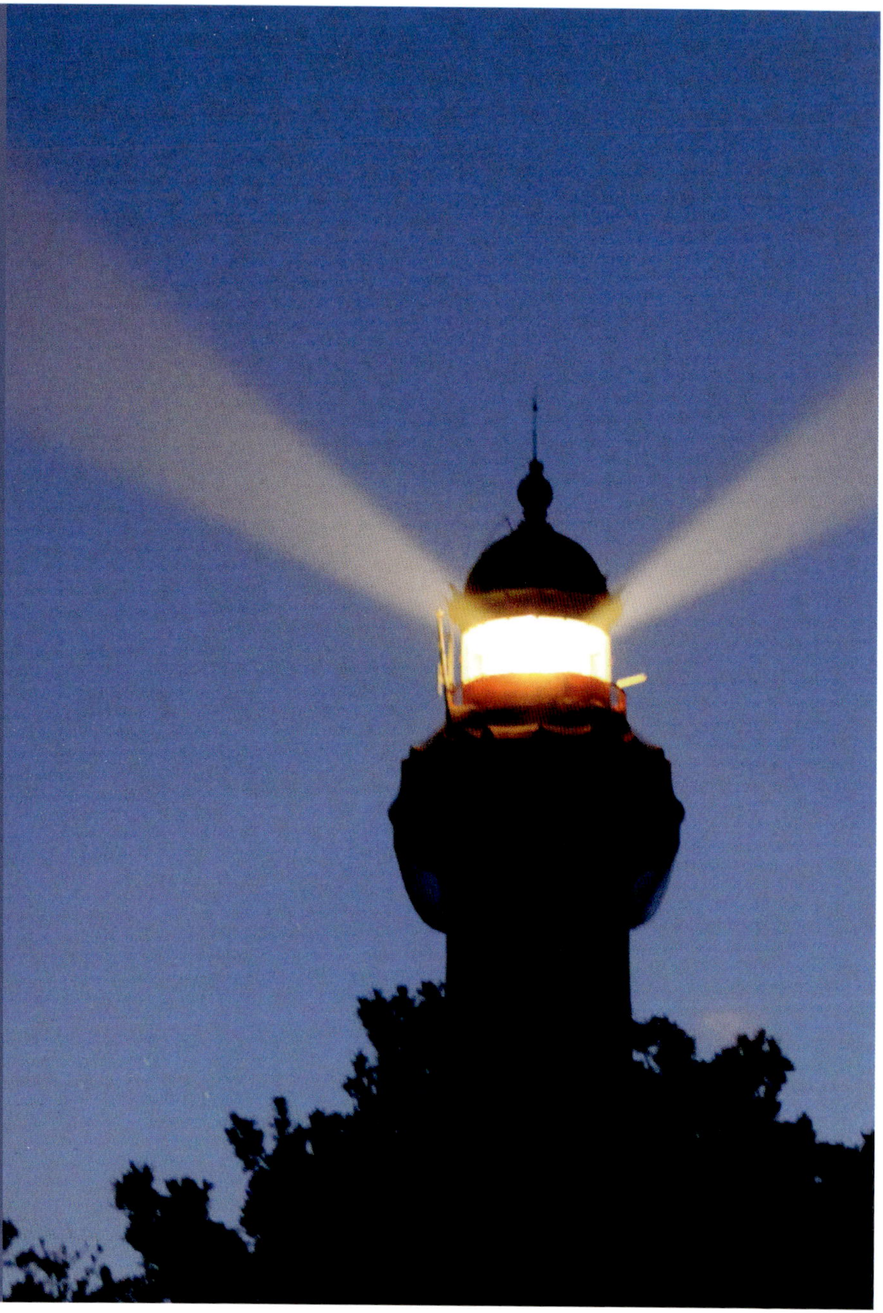

# 6. Vorbereitung der Crew

Kurz vor der Morgendämmerung geht es etwas übermüdet endlich in den Hafen. Das Anlegemanöver müsste trotz des starken Seitenwindes eigentlich gelingen, denn der Skipper hat alle Einzelheiten des Manövers ruhig und klar erklärt und die Aufgaben sinnvoll auf die beiden Crewmitglieder verteilt. Wir wollen an einem Schwimmsteg längsseits festmachen, eines der einfachsten Manöver. Allerdings weht es mit 5 – 6 Windstärken ablandig. Ben mit der Bugleine und Horst mit der Heckleine in der Hand (beide mit frischem SKS-Schein in der Tasche) stehen bereit zum Überspringen auf den Steg. Unter Nutzung des Radeffektes wird das Schiff mit dem Rückwärtsgang abgebremst und vom Rudergänger perfekt, fast parallel an den Steg gelegt. In der Dunkelheit ist nicht sofort erkennbar, welche Möglichkeiten zum Festmachen auf dem unbeleuchteten Steg gegeben sind.

Die Crew springt an Land, Ben mit der Vorleine nach vorne, Horst in Richtung Heck. Auf dem Steg gibt es in passender Entfernung vom Heck einen Poller, auf dem die Heckleine schnell belegt ist, aber Ben hat vorne weniger Glück: In erreichbarer Nähe vom Bug gibt es keinen Poller, keine Klampe, allerdings einen stabilen Ring. Als frisch gebackener Segelscheininhaber weiß Ben, dass man einen Festmacher an einem Ring mit einem Palstek belegen kann (Bem.: Nicht muss!). Und den Palstek beherrscht er, meint er … Geübt und gekonnt hat er ihn allerdings immer nur frei in der Luft und nicht an einem Ring. Die Situation erfordert schnelles und effektives Handeln, denn der steife, ablandige Wind drückt in Böen brutal auf das Schiff. Das Heck ist fest, aber der Bug zieht mit Gewalt an Ben's Vorleine. Mit diesen Kräften auf der Leine ist es unmöglich, die Palstek-Segelschulmethode „Schlange raus aus dem Teich, rum um den Baum und wieder hinein in den Teich …" anzuwenden. Statt nun einfach die Leine erst einmal, wie auch immer, schnell am Ring zu sichern (z. B. Rundtörn und halber Schlag) und so das Schiff am Abtreiben zu hindern, versucht der übermüdete, aber nun mit Adrenalin gesättigte Ben hektisch und erfolglos doch noch seinen Schul-Palstek hinzukriegen. Es will nicht gelingen … Unter Einsatz all seiner Kräfte will Ben das

Abtreiben des Schiffes verhindern, doch eine 13-Meter-Yacht hält man nicht mit der Hand bei 6 Windstärken ablandig. Es kommt, wie es kommen muss: Ben verliert die Bugleine aus der Hand, zum Glück bevor er von dem abtreibenden Schiff ins kalte Hafenwasser gezogen wird. Der Skipper am Ruder hatte wohl etwas von „Rundtörn" und „sichern" gerufen, aber das konnte Ben in der Hektik nicht umsetzen. Es dauert keine sechs Sekunden, da liegt unsere Yacht statt parallel, nun rechtwinklig zum Steg. Genauer gesagt, fast rechtwinklig, denn die Gasse ist auf der Wasserseite nicht breit genug für eine radiale Drehung mit unserer Schiffslänge.

Horst hätte nach dem gescheiterten Versuch, den Bug festzumachen, das Heck schnell wieder loswerfen sollen, um das Schiff manövrierfähig zu machen, aber dazu ist es nun zu spät. Unser Anker im Bugbeschlag kracht in die Seereling eines Schiffes in Lee, dessen Besatzung vermutlich gerade angenehm träumt…

**Fazit:** Vorbereitung heißt auch hier das Zauberwort. Es reicht nicht, die Knoten zu Hause auf dem Sofa zu üben. Sie müssen in der konkreten, möglicherweise stressigen Anwendungssituation beherrscht werden. Und zwar auch übermüdet, in stockdunkler Nacht und unter Zeitdruck. Und falls es in der stressigen Situation einfach nicht klappt, den Segelschulknoten hinzubekommen, so ist es auch keine Schande, statt des idealen Knoten irgendeinen provisorischen Knoten zu machen, um auf jeden Fall das Boot zuerst einmal zur Ruhe zu bringen. Verbesserungen können dann später ohne Stress vorgenommen werden.

## Allgemeine Gesichtspunkte

Soll für einen schon feststehenden Törn (z.B. Überführungstörn) eine Crew gefunden werden, oder steht die Crew von Anfang an fest und es geht darum, einen Törnplan zu entwickeln? Die Beantwortung dieser Frage hat unterschiedliche Konsequenzen. Denn im ersten Fall sind die zu erwartenden Belastungen vorgegeben, während im zweiten Fall die Törnplanung, also insbesondere die Frage der Wahl der anzulaufenden Häfen flexibel gehandhabt werden kann. Der Skipper ist dafür verantwortlich, dass die Entscheidung, nachts durchzusegeln, nur mit einer Besatzung getroffen wird, die auf die zu erwartenden Belastungen gut vorbereitet ist.

Vor dem Auslaufen muss sichergestellt werden, dass alle Crewmitglieder den Stauort und die Benutzung der Sicherheitsausrüstung kennen.

Jeder an Deck hat seine **eigene**, möglichst wasserdichte Taschenlampe und – besser noch – dazu einen persönlichen Stroboskopblitz (MOB).

Bevor die Festmacher losgeworfen werden, sind „tausend“ Kleinigkeiten zu erklären:

Alle Besatzungsmitglieder bekommen eine Einweisung in das laufende Gut, denn wenn nachts statt des Großfalls das Fockfall losgeworfen wird, so kann das fatale Folgen haben.

Ein- und Ausreffen sollte am Tage ebenso geübt werden wie die Bedienung des Autopiloten und des Motors. Mindestens ein zweiter Segler sollte den Gebrauch des UKW-Gerätes kennen und auch mit dem mobilen Handfunkgerät vertraut sein.

Zum Thema Knoten: Klar, dass jeder tagsüber in der Plicht mit einem lockeren Spruch auf den Lippen den Palstek beherrscht, aber klappt es auch nachts in einer Stresssituation? Allzu oft kann man erleben, dass Mitsegler unter „Normalbedingungen“ die wichtigsten Knoten wie Palstek, Webeleinstek und das Belegen einer Klampe beherrschen. Doch wehe man legt nach einem langen Nachtschlag im Hafen bei 6 Beaufort Wind ablandig an und es muss schnell gehen (siehe Geschichte S. 91). Wer nur zweimal im Jahr eine Woche segeln geht, hat wenig Routine und sollte üben, üben, üben … bis er die Knoten blind, hungrig und übermüdet, hinter dem Rücken und zur Not auch unter Wasser beherrscht.

Ein wichtiger Punkt in der Vorbereitung der Crew ist das Üben des Erkennens der Kurse anderer Schiffe an deren Lichterführung. Schließlich soll der Skipper nicht jedes Mal geweckt werden, wenn jemand irgendwo am Horizont ein grünes und ein weißes Licht sieht. Man kann dies auch tagsüber mit Farbstiften auf einem Blatt Papier üben und am späten Abend, bevor die erste Freiwache in die Kojen geht, in der Realität vertiefen. Übersichtstabellen zur Lichterführung gehören für alle leicht sichtbar an den Kartentisch (siehe auch Kapitel Lichterführung S. 93 ff).

### Kleidung

Segler, die nicht frieren, sind bessere Segler! Auch im Sommer kann es nachts auf See ziemlich kalt werden, zumindest in Nord- und West-Europa. Also vorbeugen und nach dem Zwiebelprinzip zu tragende, genügend warme Kleidung vorsehen. Ölzeug allein über einem Hemd hält keineswegs warm. Der Windchill wird sicherlich gemildert, aber man kühlt dennoch leicht aus. Besser ist ein Pullover zusätzlich drunter. Auch moderne, atmungsaktive Ölzeug-Stoffe leisten bessere Dienste, wenn eine zusätzliche Schicht darunter benutzt wird.

## Toilettenbenutzung

Dies ist ein Thema, das in der Segelliteratur allzu oft ignoriert wird. Selbst auf Segelyachten aus Werften mit hohem Qualitätsniveau werden manchmal Toiletten eingebaut, deren Funktion alles andere als zuverlässig und langlebig ist, kurzum: sie laufen über oder verstopfen. Gerade auf Charterschiffen mit wechselnder Besatzung sollte eine gute Bordtoilette selbstverständlich sein. Handpumpen mit schnell verschleißenden Dichtungen und Ventilen, Ablaufschläuche mit zu geringem Durchmesser und Beckenbefestigungen, die bei einem härteren Schlag in grober See abbrechen, sind eher die Regel als die Ausnahme. Auf vielen Schiffen hängt über der Toilette ein kleines Schildchen mit der Bitte, im Hafen doch möglichst an Land sein Geschäft zu erledigen und wenn es denn an Bord sein muss, so sollte der Benutzer auf keinen Fall Papier oder gar Härteres hineinwerfen. Ein kleiner, selten sehr hygienischer Eimer neben der Toilette dient mehr oder weniger geruchsintensiv als Papiersammler, um Verstopfungen zu vermeiden.

**Tipp**

**Die Crew sollte sich zu Törnbeginn die Toilettenfunktion durch den Skipper klar und ausführlich erklären lassen, um unterwegs – womöglich mitten in der Nacht – geruchsintensive Überraschungen zu vermeiden.**

Den undankbarsten Job an Bord hat derjenige, der das Innenleben der Toilettenpumpe am besten kennt und das ist in der Regel … der Skipper! Ersparen Sie ihm den Beweis seiner Kompetenz in diesem Bereich

## Sicherheitsanweisungen an die Crew

### ▸ MOB

Wussten Sie, dass etwa die Hälfte aller echten MOB-Situationen durch die Nicht-Benutzung der Toilette verursacht werden? Die klassische Männer-Situation mit Harndrang am Achterstag … Vermutlich ist nicht selten neben dem Seegang auch die alkoholhaltige Flüssignahrung eine Erklärung für den Mangel an Gleichgewicht. Konsequenz sollte sein: Es wird grundsätzlich die Bordtoilette benutzt, und wegen der Schiffsbewegungen bitte im Sitzen.

Das Tragen der Rettungsweste sollte nachts Standard sein und sofern das Schiff mit MOB-Sendern und Empfänger (siehe Kapitel Ausrüstung

S. 7 ff) ausgerüstet ist, sollte die Wache ihre Sender lieber in der Westentasche als in der Ablage neben der Koje haben.

Jeder stellt vor dem Auslaufen sicher, dass seine aufblasbare Weste funktionsfähig ist, die Patrone fest eingeschraubt und der Auslösemechanismus gängig ist.

Seit einiger Zeit gibt es elektronische MOB-Überwachungsgeräte. Dabei handelt es sich um mobile Sender, die jedes wachhabende Crewmitglied unverlierbar bei sich trägt und dazu einen an Bord fest eingebauten Empfänger, der bei Überschreiten eines fest definierten Abstandes zum Sender (z. B. 20 Meter) ein Alarmsignal ertönen lässt. Die schlafende Crew wird garantiert geweckt. Auf einem Display kann sogar abgelesen werden, welcher der Sender sich nicht mehr an Bord befindet. Charteryachten sind wohl nur höchst selten mit diesem nützlichen und durchaus preiswerten System ausgerüstet. Auf einer Eigneryacht, die häufiger nachts unterwegs sind, ist es sicherlich eine sinnvolle Anschaffung.

### ▸ Niemand allein an Deck!

Nachts sollte niemand allein unbeobachtet die Plicht verlassen, um an Deck etwas zu klarieren. Und wenn es denn unbedingt notwendig sein sollte, dann nur mit Lifebelt an der Lifeline und unter Beobachtung durch ein zweites Besatzungsmitglied. Bei gröberem Seegang ist es sinnvoll, tief gebückt zu gehen und eventuell sogar auf allen Vieren zu kriechen. Handläufe benutzen!

### ▸ Nicht übertakeln!

Außer bei eindeutig günstiger Wetterlage ist es sinnvoll, für die Nacht ein Reff ins Groß zu binden. Lieber eine Stunde später im Hafen einlaufen als in der Nacht eine Stresssituation durch Übertakelung zu riskieren. (siehe Kapitel Segelführung S. 51 ff)

### ▸ Scheinwerfer benutzen!

Bei Annäherung an andere Schiffe sollte ein starker Scheinwerfer benutzt werden, um die eigenen Segel anzuleuchten. Das weiße Tuch wird besser gesehen als die Positionslaternen und informiert eventuell ein Maschinenfahrzeug über die Wegerechtssituation.

### ▸ Niemanden blenden!

So wie unter Deck während der Nacht vermieden werden muss, helles Licht zu benutzen (schlafende Crew), so muss mit einem Scheinwerfer

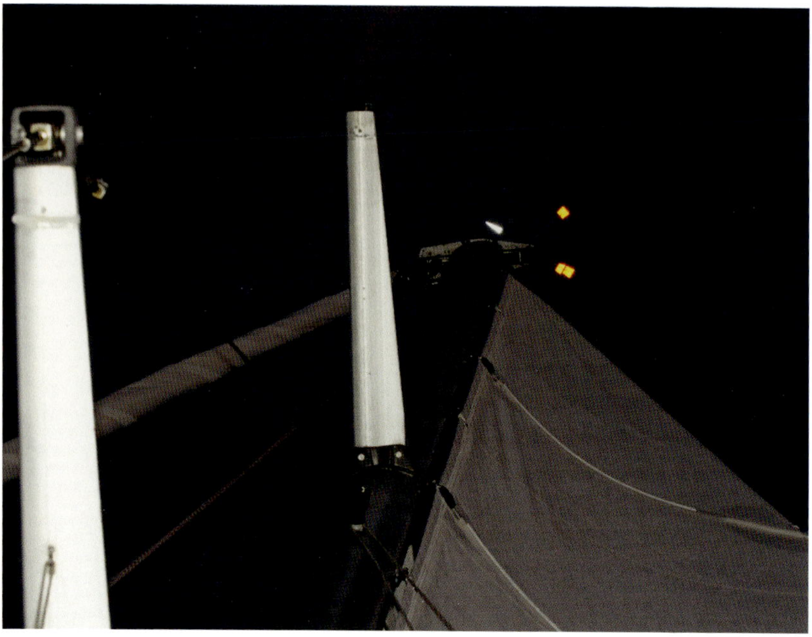

Handscheinwerferstrahl in die Segel.

an Deck ganz besonders darauf geachtet werden, dass niemand in der eigenen Crew geblendet wird. Ein vom Suchscheinwerfer geblendetes Auge braucht etwa 2 bis 3 Minuten, um sich wieder an die Dunkelheit zu gewöhnen.

### ▸ Keine Angeln!

Eine Kleinigkeit, die meist erst zu spät beim Einlaufen in den Hafen bemerkt wird: Unsere Schleppangel! Haben wir total vergessen… Starke Thunfischangeln mit dicker Leine, sorglos hinterher gezogen und vergessen, können u. U. sogar die Propellerwelle blockieren, wenn im Hafen rückwärts gefahren wird. Wohl dem, der einen Cutter auf der Welle nahe an der Schraube hat.

### ▸ Logbuchführung

Auf längeren Schlägen ohne Landsicht sollte grundsätzlich jede Stunde von der Wache die GPS-Position ins Logbuch eingetragen werden. Auch andere Besonderheiten wie Wetterverschlechterung, Reffen und gefährliche Annäherung an andere Fahrzeuge gehören neben Kurs und Fahrt in die Kladde. Und natürlich die Zeiten des Wachwechsels und die Namen der Crew der neuen Wache.

### ▸ Skipper wecken!

In einer größeren Crew mit vier und mehr Personen, bleibt der Skipper in der Regel wachfrei, denn er muss zu einem beliebigen Zeitpunkt nachts genauso wie tagsüber zur Verfügung stehen. Seine Schlafzeiten sind somit meist unregelmäßig.

Sobald jedoch an Deck eine Situation eintritt, bei der die Crew sich nicht sicher ist, dass sie alles im Griff hat, sollte der Skipper geweckt und informiert werden. Selbst dann, wenn er sich gerade erst vor kurzem hingelegt hat.

Zum Thema **Wacheinteilung** kommen wir im nächsten Kapitel.

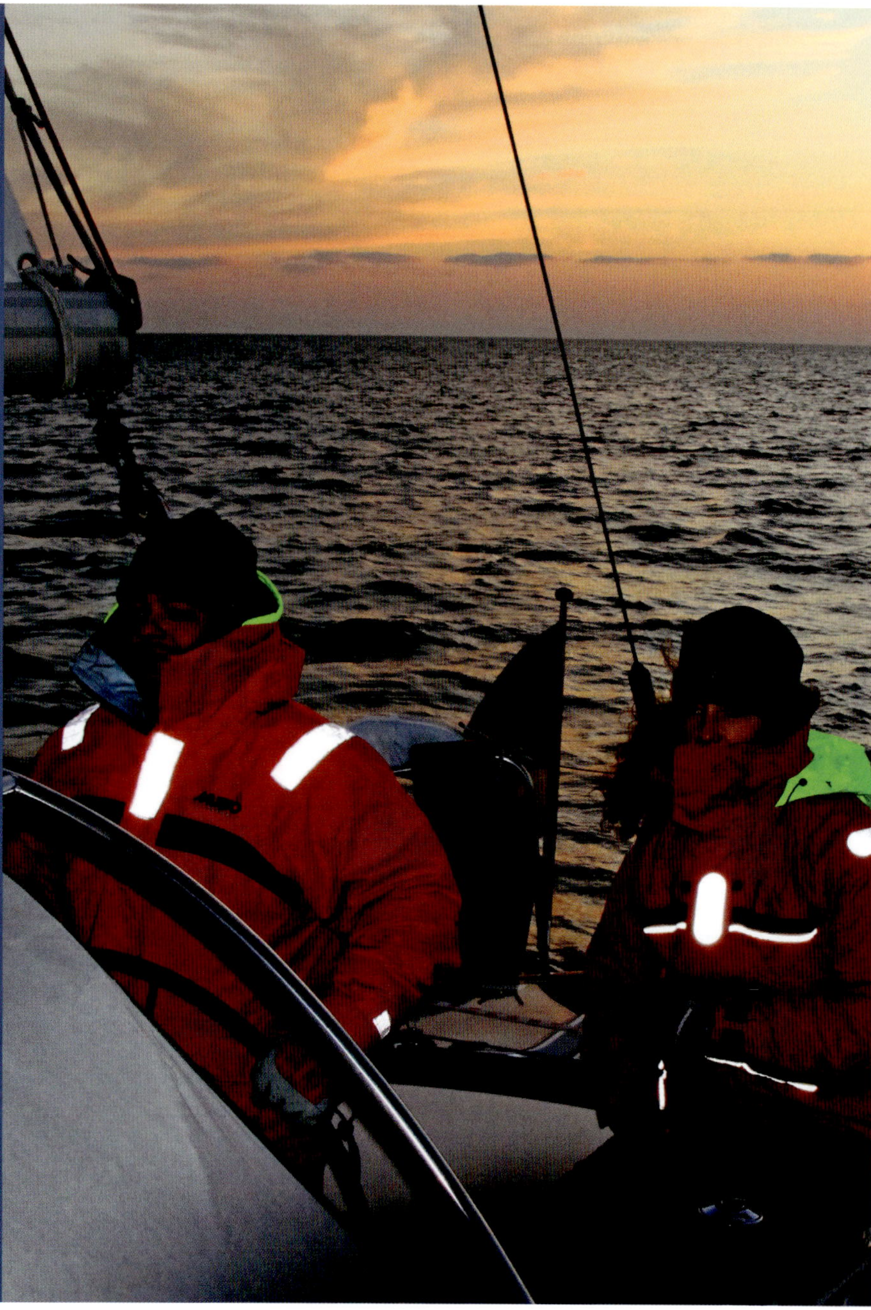

# 7. Menschliche Bedürfnisse

„Was ist das nur für ein Geklapper?“ Hartmut liegt seit Mitternacht in der Koje in der Achterkajüte und kann einfach nicht einschlafen. Immer wieder rappelt irgendetwas Metallisches an Deck über ihm. Mal ist es eine Winschkurbel, die unachtsam abgelegt wird, dann sind es die Karabinerhaken der Lifebelts, die unregelmäßig in die U-Bolzen am Niedergang einrucken. Nach zahlreichen erfolglosen Versuchen, die Geräusche zu ignorieren, bis 300 zu zählen und Ansätze von autogenem Training auszuprobieren beschließt der Gemarterte, in den Salon umzuziehen, wo noch das Leesofa frei ist. Kaum hat er seinen Schlafsack zugezogen, als das Salonlicht angeht und ein Mitsegler sich nach seinem Wohlbefinden erkundigt. „Das helle Licht muss nun wirklich nicht sein, Manni!“ reagiert Hartmut etwas genervt. „Pardon … konnte ich ja nicht wissen …“. Hartmut schafft es tatsächlich einzuschlafen, bis plötzlich wie aus einem Polizeimegaphon, aus dem versehentlich immer noch angeschalteten Seefunkgerät der neueste Wetterbericht in den Salon gebrüllt wird.

**Fazit:** Angesichts der engen Verhältnisse an Bord eines Segelschiffs sind Rücksichtnahme und ein gewisses Maß an Empathie aller Teilnehmer unabdingbar.

## Kochen und Essen

„Vorbereitung“ lautet auch hier das Zauberwort!
Sofern lediglich eine einzige Nacht durchgesegelt wird, kann die nächtliche Ernährung der Crew über Suppen und andere schnell zur Verfügung stehende Lebensmittel wie Müsliriegel, Studentenfutter, oder getrocknetes Obst und Schokolade gesichert werden. Stoßfeste Thermosflaschen, möglichst aus Edelstahl, sind von großem Wert, um Suppen und warme Getränke nicht erst in möglicherweise grober See zubereiten zu müssen.

Auf Törns mit mehreren durchsegelten Nächten hat es sich hingegen bewährt, abends eine komplette warme Mahlzeit zu kochen. Es schläft sich besser mit einer warmen Mahlzeit im Bauch. Für die Zubereitung bietet sich an Bord ein Schnellkochtopf eher an als herkömmli-

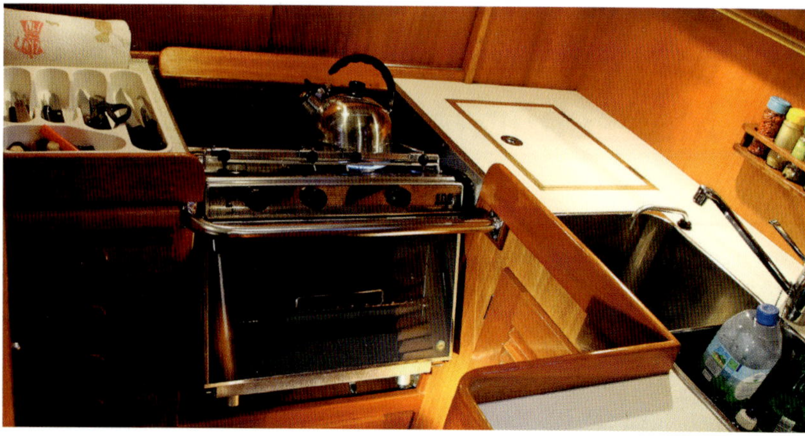

Schieflage: Herd bei Krängung.

che Kochtöpfe, denn er ist fest verschlossen, so dass der Inhalt nicht in grober See verschüttet werden kann. Geringere Verbrennungsgefahr, kürzere Zubereitungszeit und weniger Gasverbrauch sind weitere Vorteile.

Anstatt nachts in der Pantry mit dem Kochen zu beginnen, reicht es, die tagsüber vorbereitete Mahlzeit im Schnellkochtopf zu erwärmen.

Auch die Trinkgefäße und Teller sollten der Seefahrt angepasst sein: Gläser mit breiter Standfläche und niedrigem Schwerpunkt kippen nicht so schnell um. Es gibt sie ebenso wie Teller speziell in bruchfestem Glas wie „Arcoroc" o. ä.

Auf See wird in der Regel nicht am Tisch gegessen, es sei denn die See ist spiegelglatt und es ist absehbar, dass keine Manöver gefahren werden müssen. Darum ist es auch nicht sinnvoll, Suppen in Tellern zu servieren. Breite, handliche Becher sind geeigneter.

Bei der Planung der Wacheinteilung am Abend sollte auch besprochen werden, ob zur nächtlichen Ablösung eine warme Suppe, vielleicht mit etwas Brot, gewünscht wird, oder ob Kaffee, Tee, Müsliriegel reichen. Eine nette Geste ist es, wenn die alte Wache nach dem Wecken der neuen Wache schon etwas Warmes anbieten kann.

## Schlafen

Schlafmangel führt zu mangelnder Konzentration und an Bord möglicherweise zu gefährlichen Fehlleistungen. Einhandsegler, die mehr als eine Nacht gar nicht geschlafen haben, leiden nicht selten unter Halluzinationen und fallen dann plötzlich schlagartig in einen Tiefschlaf. Aber der Autopilot hat keine Augen…

Sofern klar ist, dass die nächste Nacht durchgesegelt wird, ist es sinnvoll, schon am Tage „vorzuschlafen“. Leider ist nicht jeder Segler dazu in der Lage. Auf jeden Fall muss gewährleistet sein, dass jedes Crewmitglied ausreichend Schlaf bekommt, um in der Nacht mindestens zwei, vielleicht auch drei oder vier Stunden Wache zu gehen (siehe Wacheinteilung S. 104).

Die meisten Segler bringen für die Nacht **Schlafsäcke** mit. Auf einem Charterschiff ist dies auch in der Regel die praktischste Alternative, zumal der Transport auf der Land-Reise einfach ist. Man sollte aber auf die Füllung des Schlafsacks achten, denn Daunen sind an Bord ausgesprochen ungeeignet. Häufig ist es an Bord doch etwas feuchter als an Land und so kann der wunderbar kuschelige Daunenschlafsack schnell klamm werden. Auch ist das anschließend notwendige Trocknen auf einem Törn keineswegs gesichert. Besser bewährt haben sich Kunststofffasern, die keine Feuchtigkeit aufnehmen.

Sofern es der Land-Transport ermöglicht, könnte man sogar statt eines Schlafsacks normale Bettdecken an Bord mitbringen. Dann allerdings auch besser in Kunstfaser. Viele Menschen schlafen etwas entspannter unter einer Bettdecke als in einem Schlafsack.

Welches die **besten Schlafplätze** an Bord sind, ist vor allem wind- und kursabhängig.

Am Wind wird es auf einer leichten Yacht mit flachem Unterwasserschiff schon bei 3 – 4 Beaufort im Vorschiff zu einer Herausforderung, sich schlafen zu legen. Ab 5 Windstärken ist es hoch am Wind praktisch unmöglich. Auch die Achterkoje ist auf diesem Kurs dann nicht der beste Ort zum Schlafen. Es bleiben die Salonkojen nahe am Drehpunkt des Schiffes beim Stampfen und Rollen.

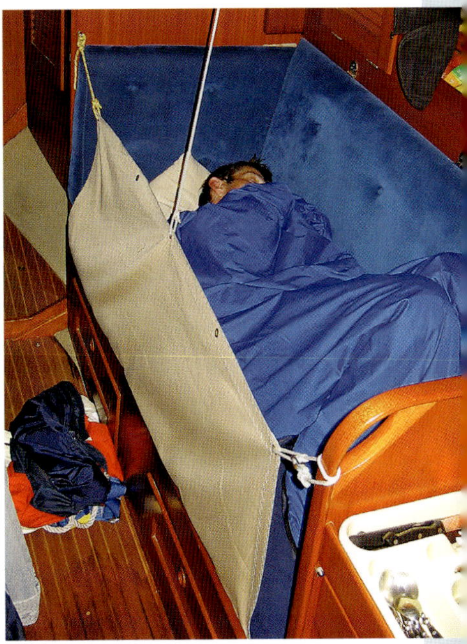

Schlafende Mannschaft, Koje mit Leesegeln

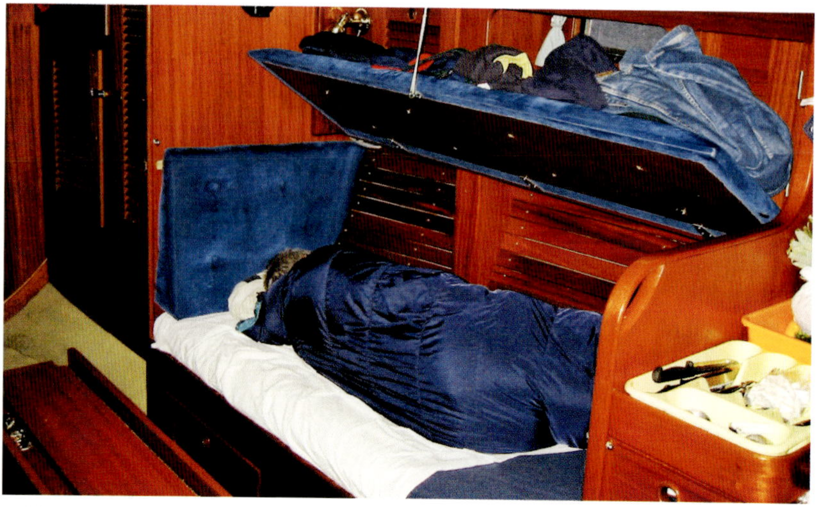

Koje ohne Leesegel.

Für einen entspannenden Schlaf sollten zumindest die Salonkojen mit Leesegeln ausgerüstet sein. Wohl dem, der zwei davon hat, eine an Backbord und eine an Steuerbord. Auf vielen „modernen" Schiffen gibt es nur noch eine einzige wirklich als Koje nutzbare Sitzfläche im Salon. Die andere Seite ist heutzutage oft von der längs angeordneten Pantry verbaut, oder es gibt sogar zwei Sessel dort, wo auf einem Seeschiff eigentlich eine Koje sein sollte. Auch wird von den meisten Werften missachtet, dass ein seegehendes Schiff zumindest an den Salonkojen mit Leesegeln ausgerüstet sein sollte. Zum Glück ist das Nachrüsten keine große Arbeit.

Auf Raumwindkurs schläft es sich im gesamten Schiff ganz passabel, doch manch einer stört sich am lautstarken Gurgeln und Rauschen der Bugwelle in der Vorschiffskajüte. Wieder sind die Salonkojen von Vorteil.

Und wie schläft es sich bei Flaute? Da ist nun wirklich das Vorschiff der ideale Platz, denn das Brummen der Maschine ist hier am wenigsten zu hören. Die Achterkoje oder Kajüte hingegen kann auf manchen Schiffen mit schlecht isoliertem Motorraum zu einem Ort der Geräuschfolter werden. Konstruktiv lässt sich im Bereich der Motorraumisolation auf vielen Schiffen einiges verbessern. Ansonsten: Ohrenstöpsel nicht vergessen.

Schlaftabletten sind auf See mit noch größerer Vorsicht zu nehmen als an Land. Es ist nicht auszuschließen, dass nachts in einer unvorhergesehenen Situation die gesamte Crew an Deck gebraucht wird. Wer dann in einem Tabletten-Tiefschlaf ist, fällt als Crewmitglied aus.

## Seekrankheit

Die Seekrankheit ist eine in ihren Ursachen und in ihren Ausprägungsformen individuell äußerst unterschiedlich verlaufende Form des Unwohlseins. Von leichter Übelkeit bis hin zu Selbstmordabsichten ist alles möglich. Manche Segler leiden schon bei sanften Rollbewegungen, andere beginnen ihr Neptunsopfer erst bei grober See und wild stampfendem Schiff, manche erwischt es nie. Da eine unerfahrene Crew sich nachts, zumindest am Anfang, oft etwas verunsichert fühlt, ist die Anfälligkeit für dieses Phänomen nach Sonnenuntergang besonders ausgeprägt.

Der erfahrene Skipper sieht es seiner Besatzung schon recht früh an, ob bald ein Magen entleert wird. Bei allen beginnt es mit leichter Müdigkeit. Die Gesprächsfreudigkeit lässt nach, die Gesichter werden fahl und bald neigt sich der erste über Bord (hoffentlich auf der Leeseite!). Da der Leidende meist selbst nicht mehr daran denkt, sollte der Skipper oder ein anderes Besatzungsmitglied dafür sorgen, dass der „Spuckende“ angeleint ist. Sofern er keinen Lifebelt trägt, sollte man ihn zumindest vorübergehend mit dem Ende einer Schot festbinden. Es sollte selbstverständlich sein, dass sich die nicht seekranken anderen Segler mehr oder weniger lustig gemeinte Bemerkungen über Seekrankheit oder Essen im Allgemeinen verkneifen.

Auslösendes Element ist zwar in allen Fällen die Schiffsbewegung, doch gibt es keine Gesetzmäßigkeiten. Der eine verträgt kein kurzes Stampfen (Bewegung des Bootes in Längsrichtung), der andere leidet eher bei Rollbewegungen (periodisches Neigen des Bootes zur Seite). Glücklicherweise ist die Seekrankheit keineswegs eine bei Bootsbewegung zwingend auftretende Erscheinung. Es macht keinen Unterschied, ob sie ein Anfänger oder ein erfahrener Segler sind, die Anfälligkeit für Seekrankheit ist eher abhängig vom mehr oder weniger zufälligen Tagesbefinden. Erfahrungsgemäß förderlich für das Eintreten der Übelkeit sind Schlafmangel, Zecherei am Vorabend, schwerverdauliche Nahrung und – nicht zuletzt – mangelndes Vertrauen in Schiff oder Schiffsführung. Verunsichernde Faktoren wie Wetterverschlechterung oder navigatorisch problematische Gewässer fördern ebenfalls die Opfergabe über Bord.

Medizinisch wird allgemein als Ursache für die Seekrankheit eine mangelnde Übereinstimmung zwischen optischer Wahrnehmung und den Signalen, die vom Gleichgewichtssinn kommen, genannt. In der Tat erkranken Segler besonders leicht unter Deck am Kartentisch oder beim Anziehen des Ölzeugs, wo die umgebenden Gegenstände zwar visuell zueinander in Ruhe erscheinen, aber der Gleichgewichtssinn eindeutig eine Bewegung signalisiert. Andererseits hilft es paradoxerweise manch einem, sich bei Übelkeit in der Salonkoje auf der Leeseite langzumachen und die Augen zu schließen.

Eine relativ sichere Methode, die Übelkeit zu bekämpfen ist es, das Ruder zu übernehmen. Der Blick auf den Horizont in Verbindung mit einer wichtigen Aufgabe an Bord lässt bei vielen Seglern die Übelkeit verschwinden bzw. gar nicht erst auftreten. Nur ist leider oft nachts der Horizont nicht sichtbar, so dass dieser stabilisierende Faktor entfällt.

Wenn Sie wissen, dass sie empfindlich sind, so bitten sie den Skipper, das Ruder übernehmen zu dürfen. Kauen sie ein paar Kekse und trinken sie hin und wieder einen Schluck Wasser.

Medikamentöse Hilfen existieren in verschiedener Form: Ein weit verbreitetes Mittel ist *Stugeron*, eine Tablette, die eigentlich als Kreislaufmittel entwickelt wurde, die sich aber an Bord zur Vorbeugung bewährt hat. Verbreitet ist auch das kleine Medikamentenpflaster hinter dem Ohr *Scopoderm*, das seinen Wirkstoff langsam über die Haut eindringen lässt. Mögliche Nebenwirkungen sind Schläfrigkeit und leichte Sehstörungen. Vorsicht also sofern Sie navigatorische Entscheidungen zu treffen haben oder als Ausguck eingesetzt sind.

Neuere Studien belegen, dass der Stoff Histamin in Lebensmitteln das Auftreten von Seekrankheit begünstigt. Bei Empfindlichkeit sollte der Segler darum z. B. Schweizer Käse, Salami, Sauerkraut, Thunfisch, Spinat und alkoholische Getränke meiden. Es gibt außerdem medizinische Forschungsergebnisse, nach denen Ingwer und auch eine hohe Dosis Vitamin C (etwa 100 bis 200 mg pro Tag) vorbeugend wirksam ist.

Ein kleiner Trost für den langen Törn: Nach 3 Tagen und 3 Nächten in bewegter See kontinuierlich gesegelt, ist so gut wie jeder Segler gegen die Seekrankheit immunisiert.

## Wacheinteilung

„Brauchen wir überhaupt eine Wacheinteilung? Eine Nacht halte ich auch so durch …“ Sicherlich, eine einzige Nacht lässt sich zur Not auch ohne Wacheinteilung durchsegeln. Aber am nächsten Morgen ist eine aufmerksame Schiffsführung nicht mehr gewährleistet.

Um dies von vornherein auszuschließen, sollte der Skipper sich mit der Crew schon am Abend über eine sinnvolle Wacheinteilung einigen. Ich sage bewusst **einigen**, denn eine diskutierte und von allen Crewmitgliedern als sinnvoll erachtete Wacheinteilung ist für die Bordatmosphäre und somit für den effektiven Einsatz der Crew sicherlich besser als eine vom Skipper aufgezwungene.

### Welche Aufgaben hat die Wache?

Sofern nicht der Autopilot oder die Windfahnensteuerung das Schiff steuert, muss natürlich Ruder gegangen werden. Dazu muss die Segelstellung und die Größe der Besegelung passend gehalten werden. Eine besonders wichtige Aufgabe ist es – insbesondere in viel befahrenen Revieren – aufmerksam Ausguck zu gehen, um zu dichte Annäherungen an

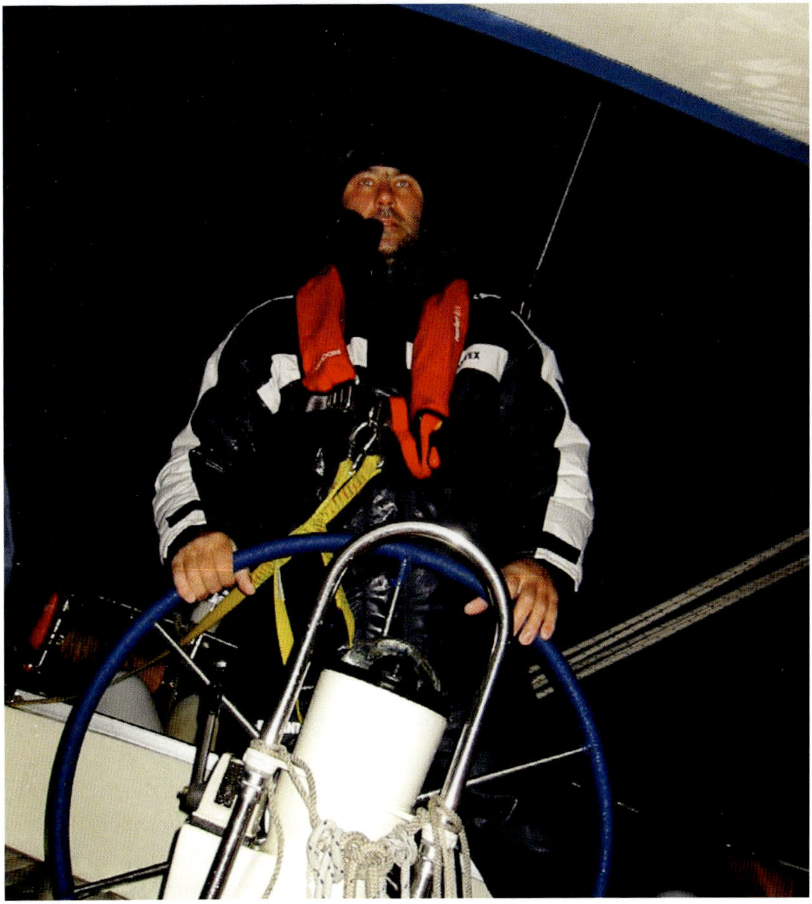

Ruderwache nachts bei schlechtem Wetter.

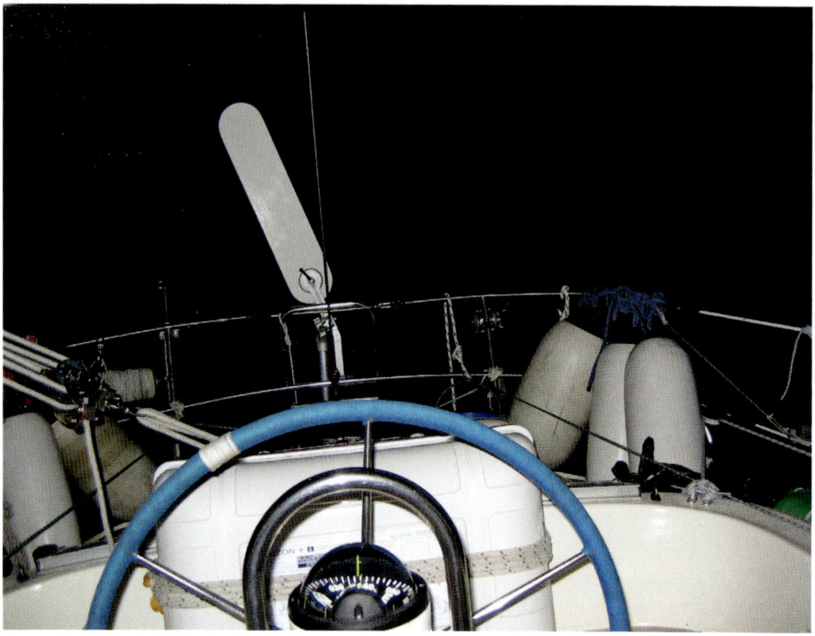

Nachtfahrt unter Autopilot

andere Schiffe oder an Untiefen oder Kaps zu vermeiden. Ab und zu ein Blick hinter die große, tief geschnittene Genua hat schon so manche Kollision verhindert.

Regelmäßige Eintragungen ins Logbuch mit stündlichem Schiffsort, besonderen Vorkommnissen, den Zeiten des Wachwechsels und den Namen der Wache sind ebenfalls Aufgabe der wachhabenden Crew.

Wie soll die Wacheinteilung zeitlich organisiert werden? 2-stündig, 3-stündig, 4-stündig, rotierend oder mit festen Zeiten, Einzelwachen, Doppelwachen?

Welches Konzept gewählt wird, hängt in erster Linie von der Größe und Kompetenz der Crew und vom Wetter ab.

Ziel der Wacheinteilung muss es sein, dass parallel zur aufmerksamen Schiffsführung die Freiwache genügend Schlaf bekommt, um selbst einige Stunden später wieder fit zu sein. Dies ist aber kaum zu erreichen, wenn man nach nur 2 Stunden in der Koje wieder an Deck muss. Es sollten darum – sofern es eben machbar ist – am Stück mindestens 4 Stunden, besser noch 6 Stunden wachfreie Zeit für jedermann zum Ausspannen und Schlafen zur Verfügung stehen.

Bei kleiner Crew mit nur zwei Leuten neben dem Skipper ist dies nur möglich in Einzelwachen von mindestens 2 Stunden Dauer. Bei gutem Wetter, ruhiger See, sternenklarem Himmel, kann die Wachzeit auf 3 oder sogar 4 Stunden erhöht werden, sofern alle einverstanden sind. So bekommt auch in einer 3er-Crew jeder genug Schlaf.

Bei Schwerwetter sieht es anders aus: Länger als 2 Stunden bei viel Wind konzentriert am Ruder zu stehen, schaffen nur wenige.

Der Autopilot und/oder die Windfahne ersetzen in der Regel einen Mann/eine Frau in der Crew, doch kann der Wind so unbeständig oder der Seegang so grob werden, dass einfach ein Mensch den Automaten ersetzen muss. Bei mehr als vier Leuten in der Crew lässt sich dann ein 2-Stunden-Wachrhythmus auch mit 4-stündiger Freiwache arrangieren: Alle 2 Stunden wechselt die Doppelwache oder Einzelwache.

Bei der Wacheinteilung ist darauf zu achten, dass möglichst niemals ein unerfahrenes Crewmitglied allein Wache geht. Und auch in der Doppelwache sollte möglichst ein Erfahrener einen Unerfahrenen begleiten.

Eine zu diskutierende Frage kann es werden, ob der Skipper selbst wachfrei bleibt, oder ob er Teil einer Wache sein soll. Bei kleiner Crew von zwei oder drei Leuten stellt sich die Frage nicht. Er geht gezwungenermaßen seine Wache zusätzlich zur 24-Stunden-Stand-By-Präsenz. Hingegen bei vier und mehr Leuten in der Crew kann es sich der Skipper – natürlich immer in Abhängigkeit von der Belastbarkeit der Crew – erlauben, wachfrei zu bleiben, um rund um die Uhr einigermaßen fit für alle Fragen und Vorkommnisse zur Verfügung zu stehen.

Über mehrere Tage und Nächte hinweg kann ein Rotationsverfahren sinnvoll sein, doch gibt es auch Segler, die gern regelmäßig in einem be-

■ Folgendes Schema kann zur Orientierung dienen:

| Crewstärke inkl. Skipper | Wachzeit bei gutem Wetter | Wachzeit bei schlechtem Wetter |
|---|---|---|
| 2 | 3 oder 4 Stunden Einzelwache | 2 Stunden Einzelwache |
| 3 | 2, 3 oder 4 Stunden Einzelwache | 2 Stunden Einzel- + 2 Std. Doppelwache |
| 4 | 2 oder 3 Stunden Einzel- oder Doppelwache | 2 Stunden Doppelwache |
| 5 mit Skipper wachfrei | 2 oder 3 Stunden Einzel- oder Doppelwache | 2 Stunden Doppelwache; evtl. auch mit Skipper |

stimmten Teil der Nacht Wache gehen. Warum nicht! Es ist mit dem Skipper und dem Rest der Crew zu besprechen.

Kein Wachschema muss unbedingt in konstanten Zeitintervallen organisiert sein. Es kann durchaus sinnvoll sein, einem hoch motivierten und belastbaren Crewmitglied eine 4-stündige Wache zu geben und einem wenig Erfahrenen nur 2 oder 3 Stunden aufzubürden. Wichtig ist nur, dass niemand überfordert wird und aufmerksam Wache gegangen wird.

Auf längeren Nonstop-Törns mit anstrengenden Nachtwachen kommt sicherlich früher oder später auch der Skipper selbst an die Grenze der Übermüdung und schläft irgendwann tief ein. Manchmal fällt es dann insbesondere bei Annäherung anderer Fahrzeuge der Wache schwer zu entscheiden, ob der Skipper geweckt werden soll. Im Zweifelsfall lieber wecken!

## Verhaltensregeln zur Rücksichtnahme

Was hilft die beste Wacheinteilung und eine gute Bootsvorbereitung, wenn die wachfreie Crew wegen hellem Licht und störenden Geräuschen dennoch nicht schlafen kann... Neben der aufmerksamen Schiffsführung hat die Wache auch die Aufgabe, dafür zu sorgen, dass die Freiwache wirklich schlafen kann.

Dazu gehört es, helles Licht nur anzuschalten, wenn es unbedingt nötig ist. Eine Stirnlampe, Rotlicht am Kartentisch und der Gebrauch von Taschenlampen, eventuell zusätzlich mit der Hand abgedeckt, lassen sich benutzen, ohne die schlafende Crew zu stören.

Besonders störend für die Freiwache sind Schlag-, Klapper- oder Klopfgeräusche an Deck. Das unregelmäßige metallische Klappern eines Karabinerhakens vom Lifebelt in einem Augbolzen an Deck kann den Schlafsuchenden unter Deck zum Wahnsinn bringen. Eine Winschkurbel, die auf den Cockpitboden fällt, wird nachts unter Deck wie ein Einbruch erlebt.

Auf vielen Yachten ist die Druckwasserpumpe ebenfalls ein Störenfried. Schlecht isoliert unter einer Koje installiert, weckt sie mit ihrem durchdringenden Motorengeräusch garantiert alle Schläfer im Salon. Darum – sofern vorhanden – mechanische Fuß- oder Handpumpen benutzen.

Bei der Benutzung der Toilette sollte vorsichtig und langsam gepumpt werden. Manche modernen Schiffe sind mit einer elektrischen

Toilettenpumpe mit Zerhacker ausgestattet. Nachts ist der Gebrauch dieser Lärmmaschinen eine Belästigung für die schlafende Crew. Manuelle Bordtoiletten funktionieren leiser.

Eine sichere Methode, die Freiwache zu verärgern ist es, Kochtöpfe aus einem – meist viel zu kleinen – Stauraum scheppernd herauszuholen (Essenszubereitung S. 99).

Gespräche halten wach. Doch sollte an Deck berücksichtigt werden, dass, insbesondere bei wenig Wind, jedes in der Plicht normal gesprochene Wort auch unter Deck gehört wird und das Einschlafen vielleicht behindert. Darum bitte wenn überhaupt, dann leise unterhalten.

Eine kleine Unachtsamkeit, die aber gerade nachts sehr stört, hat mit dem UKW-Seefunkgerät zu tun: Gern lässt der Skipper tagsüber das UKW-Gerät auf dem Wetterkanal angeschaltet, um den nächsten, aktualisierten Bericht nicht zu verpassen. So kann es passieren, dass das Gerät zum Abend-Wetterbericht benutzt wurde, dann aber aus Gewohnheit eingeschaltet blieb. Bis tief in die Nacht bleibt es still, bis dann irgendwann aus dem Nichts heraus mit voller Dröhnung die schlafende Crew mit dem neusten Wetterbericht aus dem wohlverdienten Schlaf gerissen wird.

Abgesehen von den Wetterkanälen, ist es manchmal durchaus sinnvoll, Kanal 16, den Not- und Anrufkanal, eingeschaltet zu lassen. Auf kommerziell genutzten Schiffen ist dies Pflicht. Doch die Frage sei erlaubt, ob dies auch auf einem privaten Urlaubstörn mitten in der Nacht bei unproblematischen Segelbedingungen wirklich notwendig ist.

Auch navigatorisch und segeltechnisch ist rücksichtsvolles Verhalten gegenüber der schlafenden Crew möglich: Hinsichtlich des zu segelnden Kurses sollte sich die Wache gut überlegen, wie viele Wenden oder Halsen wirklich unvermeidlich sind, denn jede Kursänderung mit Wechsel der Krängung von einem Bug auf den anderen lässt alle Besatzungsmitglieder unter Deck hin und her rollen. Um die Freiwache zu schonen, sollte darum die Zahl der Manöver so klein wie möglich und navigatorisch sinnvoll gehalten werden.

## Schlusswort

Segeln in der Freizeit kann manchmal zu Stress ausarten. Nach der Lektüre dieses Buches sollte es möglich sein, wenigstens die Stressfaktoren der Nachtfahrt weitestgehend auszuschalten. Durch eine gute Vorbereitung der Crew, des Skippers und des Schiffes wird auch die Nachtfahrt Vergnügen bereiten und das Wohlgefühl des Reisens über die Meere weiter steigern.

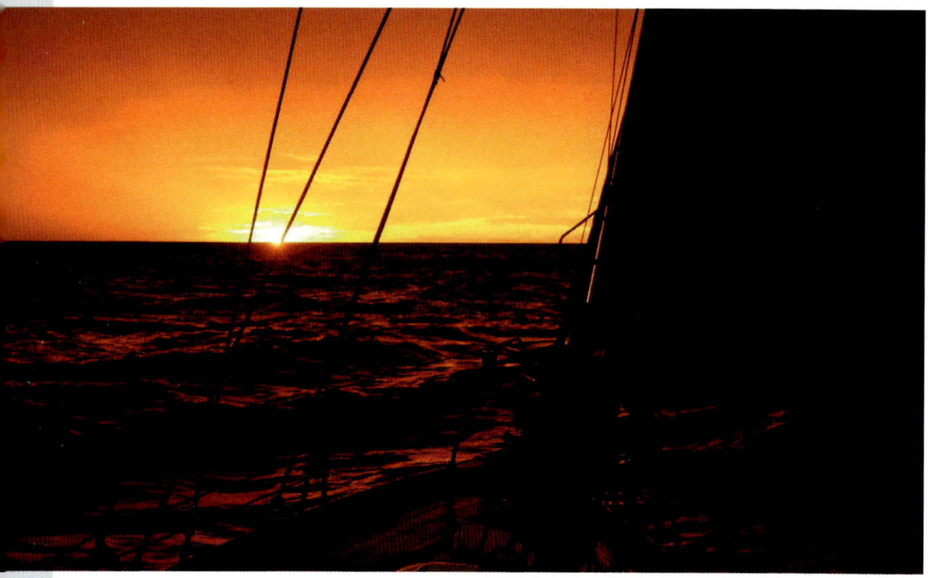

■ Sonnenaufgang …

Die Yacht segelt im Morgengrauen in einer leichten Brise auf einer langgezogenen Atlantik-Dünung in Richtung Festland. Der Rudergänger ist allein an Deck. Der Rest der Crew schläft nach einer anstrengenden Nachtwache verdient ruhig und tief. Das Feuer von Fastnet Rock, das uns in der zweiten Hälfte der Nacht den Weg gewiesen hat, ist erloschen. Schemenhaft lässt die sanft ansteigende Silhouette des Landes die grünen Hügel der irischen Küste erahnen …

Ihr Wilfried Krusekopf

Ich freue mich über Anregungen, Kritik, Hinweise zu diesem Buch.

E-Mail: sail@biskaya.de

# Stichwortverzeichnis

## Literaturverzeichnis

**Lichterführung und Schallsignalanlagen**. Bundesamt für Seeschifffahrt und Hydrographie. Komplette Behandlung aller Situationen der Lichterführung auf See bei Nacht. Hamburg 2022.

**Schallsignale und Lichterführung**. Tafeln zur schnellen Identifizierung von Fahrzeugen bei Nacht auf See. Michael Schulze, 2017, Schulze Media.

**Seemannschaft**. Allgemeines Nachschlagewerk für Navigation und Seemannschaft. Versch. Autoren, Delius Klasing 2022.

**Reed's Nautical Almanac**, Thomas Reeds Publications, England, erscheint jährlich neu aktualisiert.

**Wetter auf See**. Umfassendes Nachschlagewerk, Wetterkunde für Segler. R. Brauner, B. Herrmann, H. J. Nafzger, DK 2021.

**Theorie und Praxis der Bordelektrik**. Gute Einführung in alle Fragen der Elektrik an Bord. J. Feddern, DK 2022

**Nie mehr seekrank**. Übersichtstafeln mit zahlreichen Tipps zur Vermeidung der Seekrankheit. Michael Schulze, Schulze Media 2015.